나혼자 끝내는
독학 스페인어
첫걸음

나혼자 끝내는 독학 스페인어 첫걸음

지은이 임창희
펴낸이 임상진
펴낸곳 (주)넥서스

초판 1쇄 발행 2017년 9월 25일
초판 51쇄 발행 2024년 2월 13일

2판 1쇄 발행 2024년 9월 20일
2판 2쇄 발행 2024년 9월 25일

출판신고 1992년 4월 3일 제311-2002-2호
주소 10880 경기도 파주시 지목로 5
전화 (02)330-5500 팩스 (02)330-5555
ISBN 979-11-6683-933-7 13770

www.nexusbook.com

나 혼자 끝내는
독학 스페인어
첫걸음

임창희 지음

¡Hola!

España

¡Olé!

넥서스

스페인어 공부를
처음 시작하시는 분들께

새로운 언어를 배운다는 것은 또 다른 세계와의 만남이자 세상을 바라보는 시야를 넓히는 일입니다. 또한 그 언어를 사용하는 사람들의 삶과 문화, 사고방식을 배운다는 것을 의미하기도 합니다. 그런 면에서 새로운 언어를 구사하게 된다는 것은 그만큼 사물을 보는 시각이 다양해지고 다른 사람과 세상에 대해 보다 깊이 이해할 수 있게 된다는 것을 의미합니다.

수많은 언어들 가운데 스페인어는 세계 인구의 약 7%가 모국어로 사용하는 언어이며 가장 널리 쓰이는 제2외국어입니다. 통계상으로 현재 약 5억 명의 인구가 사용하는 스페인어는 20개국 이상의 나라에서 공식 언어로 사용되고 있습니다. 또한 유엔 및 그 산하기구, 유럽연합과 기타 주요 국제기구의 공용어로서 세계 주요 언어 중 하나로 자리매김하고 있습니다.

스페인어는 라틴어에서 유래했기 때문에 영어와 비슷한 어휘가 많아 친숙하고, 각 인칭 및 시제에 따라 변화되는 동사 변화를 잘 습득하면 누구나 쉽게 배울 수 있는 언어입니다. 또한 한국인에게 쉬운 발음 구조와 노래 같은 리듬은 외국어 학습자들에게 흥미를 더해 줍니다.

외국어 입문서의 경우 많은 내용과 복잡한 문법 구문들에 대한 과도한 설명이 때로는 스페인어 초급자들의 배움에 대한 열정과 흥미를 사라지게 만들기도 합니다. 이러한 점을 감안하여 필자는 〈나혼자 끝내는 독학 스페인어 첫걸음〉을 집필하면서 학습자의 입장에서 습득이 쉽고 간결하며 활용도가 높은 표현, 기초적이면서도 일상회화에서 쓰임새가 다양한 문법 구문을 중심으로 내용을 구성하는 데 주안점을 두었습니다.

모쪼록 본 입문서가 다양한 동기와 목적으로 스페인어 공부를 처음 시작하시는 모든 분들께 좋은 지침서가 되기를 바랍니다.

끝으로 저술에 도움을 주신 모든 분들께 감사드립니다.

저자 임창희

나혼자 스페인어 공부법

1 먼저 **동영상 강의**를 들어 보세요.
본책을 공부한 다음에는 **복습용 동영상**을
보며 다시 한번 복습합니다.
》 ① QR코드
② 유튜브

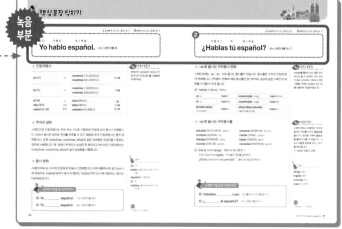

2 문장을 통해 주요 표현과 기초 문
법을 공부합니다. **MP3**를 들으며
단어도 같이 외워 주세요. 공부한
내용을 바로 확인할 수 있는 간단
한 연습문제가 있습니다.
》 ① QR코드
② 넥서스 홈페이지

3 '핵심 문장 익히기'에서 배운 문장
들로 구성되어 있습니다. 처음에
는 듣기 MP3를, 두 번째는 말하기
MP3를 들으면서 따라 말해 보세
요.

4 기본 회화 패턴을 익힌 후 단어를 바꿔서 응용해 보면 표현의 폭이 넓어집니다. MP3를 듣고 따라 말하는 회화 연습을 해 보세요.

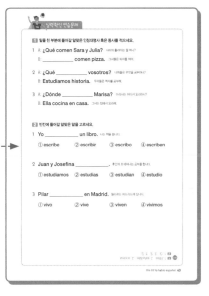

5 이제는 오늘의 공부를 마치면서 실력을 확인해 보는 시간! '핵심 문장 익히기'를 이해했다면 쉽게 풀 수 있는 문제입니다.

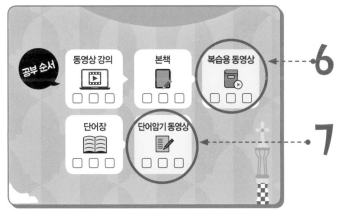

6 복습용 동영상을 보면서 '핵심 문장 익히기'와 '기본 회화 연습'의 내용을 확실하게 익힙시다.
» ① QR코드　　　　② 유튜브

7 단어 암기는 외국어 학습의 기본입니다. 단어 암기 동영상을 틈틈이 반복해서 보면 단어를 보다 쉽게 외울 수 있습니다.
» ① QR코드　　　　② 유튜브

⟨나혼자 끝내는 독학 스페인어 첫걸음⟩은?

⟨나혼자 끝내는 독학 스페인어 첫걸음⟩은 혼자서 스페인어를 공부하는 분들을 위해 개발된 독학자 맞춤형 교재입니다. 학원에 다니지 않아도, 단어장이나 다른 참고서를 사지 않아도 이 책 한 권만으로 충분히 스페인어 기초 과정을 마스터할 수 있도록 구성되어 있습니다.

⟨나혼자 끝내는 독학 스페인어 첫걸음⟩은 본책과 함께 부록으로 단어장를 제공합니다. 혼자 공부하는 학습자들을 위해 총 8가지 독학용 학습자료를 무료로 제공하고 있습니다.

 동영상 강의 | 저자 선생님이 왕초보 학습자들이 헷갈려하는 스페인어의 핵심을 콕콕 집어 알려 줍니다.

 발음 특훈 동영상 | 스페인어 독학자들이 처음부터 자신 있게 공부할 수 있도록 문자와 발음을 상세하게 설명해 드립니다.

 복습용 동영상 | '핵심 문장 익히기'에 나온 문장들을 복습할 수 있도록 구성된 동영상입니다. 반복해서 보면 문장들을 통암기할 수 있을 것입니다.

 단어 암기 동영상 | 깜빡이 학습법으로 단어를 자동 암기할 수 있도록 도와줍니다.

 듣기 MP3 | 스페인어 원어민의 정확한 발음을 들어 보세요. MP3만 들어도 듣기 공부가 됩니다.

 말하기 MP3 | 말하기 MP3는 스페인어 음성을 듣고 따라 말하는 연습을 할 수 있도록 구성되어 있습니다.

 도우미 단어장 | 각 Día의 주요 단어들을 정리해 놓았습니다. 단어 암기는 외국어 학습의 기본입니다. 들고 다니면서 틈틈이 단어를 암기합시다.

왕초보 그림 단어장 | 책에 나온 단어 외에 일상생활에서 자주 쓰이는 단어들을 정리했습니다. 그림과 함께 제시하여 쉽게 외울 수 있습니다.

온라인 무료 제공

MP3 & 무료 동영상 보는 법

방법 1

스마트폰에 QR코드 리더를 설치하여
책 속의 QR코드를 인식한다.

» 동영상&MP3

방법 2

nexusbook.com에서 도서명으로 검색한 다음
MP3/부가자료 영역에서 다운받기 를 클릭한다.

» MP3

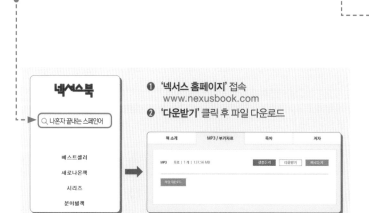

❶ '넥서스 홈페이지' 접속
www.nexusbook.com
❷ '다운받기' 클릭 후 파일 다운로드

방법 3

유튜브에서 〈나혼자 끝내는 스페인어〉를 검색한다.

» 동영상

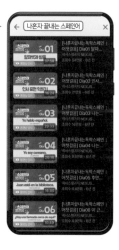

16일 완성 학습 플래너

동영상 강의 ▶ 복습용 동영상 🔖
단어 암기 동영상 ✏ 단어장 📖

	공부한 날	동영상 강의	본책 MP3와 함께 들어 보세요	복습용 동영상	도우미 단어장	단어암기 동영상
Día 01	월 일	▶ 발음 특훈	1회 2회 3회 16~25쪽			
Día 02	월 일	▶	1회 2회 3회 28~33쪽	🔖		
Día 03	월 일	▶	1회 2회 3회 34~43쪽	🔖	📖 2쪽	✏
Día 04	월 일	▶	1회 2회 3회 44~53쪽	🔖	📖 3쪽	✏
Día 05	월 일	▶	1회 2회 3회 54~63쪽	🔖	📖 4~5쪽	✏
Día 06	월 일	▶	1회 2회 3회 64~73쪽	🔖	📖 6~7쪽	✏
Día 07	월 일	▶	1회 2회 3회 74~83쪽	🔖	📖 8~9쪽	✏
Día 08	월 일	▶	1회 2회 3회 84~93쪽	🔖	📖 10~11쪽	✏

¡Hola!

	공부한 날	동영상 강의	본책 MP3와 함께 들어 보세요	복습용 동영상	도우미 단어장	단어암기 동영상
Día 09	월 일	▶	1회 2회 3회 94~103쪽	📖	📖 12쪽	📝
Día 10	월 일	▶	1회 2회 3회 104~113쪽	📖	📖 13쪽	📝
Día 11	월 일	▶	1회 2회 3회 114~123쪽	📖	📖 14쪽	📝
Día 12	월 일	▶	1회 2회 3회 124~133쪽	📖	📖 15쪽	📝
Día 13	월 일	▶	1회 2회 3회 134~143쪽	📖	📖 16쪽	📝
Día 14	월 일	▶	1회 2회 3회 144~153쪽	📖	📖 17쪽	📝
Día 15	월 일	▶	1회 2회 3회 154~163쪽	📖	📖 18쪽	📝
Día 16	월 일	▶	1회 2회 3회 164~173쪽	📖	📖 19쪽	📝

목차

Día 01 · 알파벳과 발음 · 16

- ☐ 스페인어 알파벳
- ☐ 명사의 성과 수
- ☐ 형용사
- ☐ 스페인어 발음
- ☐ 관사

Día 02 · 인사 표현 익히기 · 28

- ☐ 만났을 때
- ☐ 잠자리에 들 때
- ☐ 감사할 때
- ☐ 식사할 때
- ☐ 헤어질 때
- ☐ 축하할 때
- ☐ 사과할 때

Día 03 · Yo hablo español. 나는 스페인어를 해. · 34

- ☐ 인칭대명사
- ☐ 동사 변화
- ☐ -ar로 끝나는 규칙동사들
- ☐ -er로 끝나는 규칙동사들
- ☐ -ir로 끝나는 규칙동사 변화
- ☐ 부정문 만들기
- ☐ 주어의 생략
- ☐ -ar로 끝나는 규칙동사 변화
- ☐ -er로 끝나는 규칙동사 변화
- ☐ 의문대명사 qué
- ☐ -ir로 끝나는 규칙동사들

Día 04 · Yo soy coreano. 나는 한국인이야. · 44

- ☐ 불규칙동사 ser
- ☐ 의문대명사 dónde
- ☐ 지시어
- ☐ ser 동사+여성정관사+숫자
- ☐ 전치사 de
- ☐ 출신 질문에 대한 답변
- ☐ 시간 표현에 사용되는 ser 동사

Día 01
알파벳과 발음

MP3와 강의를 들어 보세요

 발음 특훈 동영상 **본책**

스페인어 알파벳

스페인어의 알파벳은 총 29개(모음 5개, 자음 24개)로 구성되어 있습니다.

2010년 스페인 한림원(Real Academia Española)의 철자법 개정 및 일부 알파벳 통합 결정으로 ch[che]와 ll[elle]는 음가는 유지하되 더 이상 독립 문자로 취급하지 않기로 하여 c와 l의 하위 항목으로 편입되었습니다. 본 교재에서는 스페인어 발음 이해를 용이하게 하기 위해서 ch와 ll를 알파벳에 포함하였습니다.

🎧 MP3 01-01

문자	명칭	발음
A a	a	아
B b	be	베
C c	ce	쎄
★Ch ch	che	체
D d	de	데
E e	e	에
F f	efe	에페
G g	ge	헤
H h	hache	아체
I i	i	이
J j	jota	호따
K k	ka	까
L l	ele	엘레

문자	명칭	발음
*Ll ll	elle	에예
M m	eme	에메
N n	ene	에네
Ñ ñ	eñe	에녜
O o	o	오
P p	pe	뻬
Q q	cu	꾸
R r	ere	에레
S s	ese	에쎄
T t	te	떼
U u	u	우
V v	uve	우베
W w	uve doble	우베 도블레
X x	equis	에끼스
Y y	i griega	이 그리에가
Z z	zeta	쎄따

스페인어 발음

스페인어는 사전 상에 발음기호가 별도로 표기되어 있지 않을 정도로 발음이 쉬우며, 몇 가지 예외 사항들을 제외하면 쓰여 있는 그대로 읽으면 됩니다.

 모음

★ 단모음

🎧 MP3 01-02

스페인어에서 모음은 항상 음가의 변화 없이 '아, 에, 이, 오, 우'로 발음하기 때문에 별도의 발음기호가 필요 없습니다.

A a	[아]로 발음합니다. 📢 amigo [아미고] 친구　agua [아구아] 물　mina [미나] 광산
E e	[에]로 발음합니다. 📢 educación [에두까씨온] 교육　estudiar [에스뚜디아르] 공부하다
I i	[이]로 발음합니다. 📢 idea [이데아] 생각　irónico [이로니꼬] 아이러니한
O o	[오]로 발음합니다. 📢 odio [오디오] 증오　oso [오쏘] 곰　ola [올라] 파도
U u	[우]로 발음합니다. 📢 uva [우바] 포도　universidad [우니베르씨닫] 대학

★ 이중모음

🎧 MP3 01-03

스페인어에서 이중모음은 하나의 모음으로 간주합니다.

강모음+약모음	ai [아이]　au [아우]　ei [에이]　eu [에우]　oi [오이]　ou [오우] 📢 aire [아이레] 공기　aula [아울라] 교실　veinte [베인떼] 20 　euro [에우로] 유로　oiga [오이가] 여보세요
약모음+강모음	ia [이아]　ua [우아]　ie [이에]　ue [우에]　io [이오]　uo [우오] 📢 pianista [삐아니스따] 피아니스트　agua [아구아] 물　hielo [이엘로] 얼음 　bueno [부에노] 좋은　pionero [삐오네로] 선구자　mutuo [무뚜오] 서로의
약모음+약모음	iu [이우]　ui [우이] 📢 viudo [비우도] 홀아비　huida [우이다] 도망

★ 삼중모음

삼중모음도 하나의 모음으로 간주합니다.

🎧 MP3 01-04

약모음+강모음+약모음	iai [이아이] iei [이에이] uai [우아이] uei [우에이] 예) estudiáis [에스뚜디아이스] 너희들은 공부한다(직설법 현재 2인칭복수형) 　　estudiéis [에스뚜디에이스] 너희들은 공부한다(접속법 현재 2인칭 복수형) 　　Paraguay [빠라구아이] 파라과이　　buey [부에이] 황소

자음

🎧 MP3 01-05

B b	우리말의 [ㅂ]과 유사합니다. 예) boda [보다] 결혼식　　bueno [부에노] 좋은　　bailar [바일라르] 춤추다
C c	뒤이어 오는 모음에 따라 두 가지로 발음합니다. ❶ c 다음에 모음 a, o, u가 오면 우리말의 [ㄲ]과 유사하게 발음됩니다. c 다음에 자음이 　와도 마찬가지로 [ㄲ]으로 발음됩니다. 　예) casa [까싸] 집　　cultura [꿀뚜라] 문화　　claro [끌라로] 명백한 ❷ c 다음에 모음 e, i가 오면 우리말의 [ㅆ]과 유사하게 발음됩니다. 스페인에서는 [θ], 중 　남미 지역에서는 [s]로 발음합니다. 　예) cena [쎄나] 저녁식사　　cine [씨네] 영화관　　cerveza [쎄르베싸] 맥주
Ch ch	우리말의 [ㅊ]과 유사합니다. 예) lechuga [레추가] 상추　　chico [치꼬] 소년　　mucho [무쵸] 많은
D d	[ㄷ]과 유사합니다. 예) dedo [데도] 손가락　　día [디아] 날, 일　　doctor [독또르] 박사 또한, 단어의 마지막에 위치하면 [ð]와 유사합니다. 이런 경우에는 약하게 받침으로 발음 하거나 거의 발음하지 않습니다. 예) pared [빠렏] 벽　　verdad [베르닫] 진실
F f	우리말의 [ㅍ]과 유사하고 영어의 [f]처럼 발음합니다. 예) fruta [프루따] 과일　　foto [포또] 사진　　futuro [푸뚜로] 미래
G g	뒤이어 오는 모음에 따라 두 가지로 발음합니다. ❶ g 다음에 모음 a, o, u가 오면 [ㄱ]과 유사합니다. g 다음에 자음이 와도 마찬가지로 　[ㄱ]으로 발음됩니다. 　예) gafas [가파스] 안경　　goma [고마] 지우개　　gloria [글로리아] 영광 ❷ g 다음에 모음 e, i가 오면 [ㅎ]과 유사합니다. 　예) gente [헨떼] 사람들　　gigante [히간떼] 거인　　gitano [히따노] 집시 ★ gue, gui는 각각 [게], [기]로 발음하며, 분음기호(diéresis)를 붙인 güe, güi는 각각 [구에], [구이]로 발음합니다.

H h	예외 없이 항상 묵음입니다. 예 **ahora** [아오라] 지금　**hola** [올라] 안녕　**hermano** [에르마노] 형제
J j	[ㅎ]과 [ㅋ]의 중간 발음으로, 우리말의 [ㅎ]을 목 안쪽에서 강하게 발음합니다. 예 **jamón** [하몬] 햄　**jardín** [하르딘] 정원　**joya** [호야] 보석
K k	[ㄲ]과 유사하며 외래어 표기에 사용됩니다. 예 **kilogramo** [낄로그라모] 킬로그램　**kilómetro** [낄로메뜨로] 킬로미터 **koala** [꼬알라] 코알라
L l	[ㄹ]과 유사합니다. 예 **libro** [리브로] 책　**clima** [끌리마] 기후　**luna** [루나] 달
Ll ll	뒤이어 오는 모음과 함께 lla [야], lle [예], lli [이], llo [요], llu [유]와 유사하게 발음하며, 지역별로 발음의 차이가 있습니다. 예 **ella** [에야] 그녀　**calle** [까예] 길　**allí** [아이] 저기 **sello** [쎄요] 우표　**lluvia** [유비아] 비
M m	[ㅁ]과 유사합니다. 예 **momento** [모멘또] 순간　**mano** [마노] 손　**museo** [무쎄오] 박물관
N n	[ㄴ]과 유사합니다. 예 **negro** [네그로] 검은　**noche** [노체] 밤　**nuevo** [누에보] 새로운
Ñ ñ	뒤이어 오는 모음과 함께 ña [냐], ñe [녜], ñi [니], ño [뇨], ñu [뉴]와 유사하게 발음합니다. 예 **España** [에스빠냐] 스페인　**añejar** [아녜하르] 숙성시키다　**niño** [니뇨] 어린아이
P p	[ㅃ]과 유사합니다. 예 **padre** [빠드레] 아버지　**pan** [빤] 빵　**pobre** [뽀브레] 가난한
Q q	que [께], qui [끼] 두 가지 발음만 있습니다. 예 **queso** [께쏘] 치즈　**parque** [빠르께] 공원　**química** [끼미까] 화학
R r	[ㄹ]과 유사하며, 단어 첫머리에 오는 경우 혀끝으로 진동을 더하여 [ㄹㄹ]와 같이 발음합니다. 우리말로 '부르릉'이라고 할 때 혀끝이 입천장에 닿는 부위에서 발음됩니다. 예 **rosa** [ㄹ로싸] 장미　**rey** [ㄹ레이] 왕　**pero** [뻬로] 그러나　**caro** [까로] 비싼 **oro** [오로] 금　**arena** [아레나] 모래 r가 하나 더 겹쳐 rr가 되면 r가 단어 첫머리에 오는 경우와 마찬가지로 [ㄹㄹ]와 유사하게 발음됩니다. 예 **perro** [뻬ㄹ로] 개　**torre** [또ㄹ레] 탑　**guitarra** [기따ㄹ라] 기타

S s	[ㅅ] 혹은 [ㅆ]과 유사합니다. 모음과 결합하여 음절의 초성으로 올 때에는 [ㅆ]으로, 그렇지 않은 경우에는 [ㅅ]으로 발음합니다. 예 **sí** [씨] 네　　**sábado** [싸바도] 토요일　　**solo** [쏠로] 혼자의 　　**gafas** [가파스] 안경　　**oscuro** [오스꾸로] 어두운
T t	[ㄸ]과 유사합니다. 예 **tren** [뜨렌] 기차　　**tú** [뚜] 너　　**moto** [모또] 오토바이
V v	[ㅂ]과 유사합니다. b와 동일한 발음이며, 영어와는 달리 윗입술과 아랫입술을 붙였다 떼면서 발음합니다. 예 **vaso** [바쏘] 컵　　**pavo** [빠보] 칠면조　　**volcán** [볼깐] 화산
W w	[ㅜ]와 유사하며 외래어를 표기할 때 사용합니다. 예 **whiskey** [위스끼] 위스키　　**kiwi** [끼위] 키위　　**Washington** [와싱똔] 워싱턴
X x	[ks]로 발음합니다. 예 **excelente** [엑쎌렌떼] 훌륭한　　**examen** [엑싸멘] 시험　　**taxi** [딱씨] 택시 일부 지명이나 인명의 경우 예외적으로 [ㅎ]으로 발음하기도 합니다. 예 **México** [메히꼬] 멕시코　　**Texas** [떼하스] 텍사스 　　**Ximenes** [히메네스] 히메네스(인명)　　**mexicano** [메히까노] 멕시코 남자
Y y	우리말 모음 [ㅣ]를 짧게 발음한 것과 유사하며, 모음과 결합할 경우 ya [야], yo [요], yu [유] 등으로 발음합니다. 예 **joya** [호야] 보석　　**ayuda** [아유다] 도움　　**mayo** [마요] 5월
Z z	스페인에서는 [θ], 중남미 지역에서는 [s]로 발음합니다. 예 **lápiz** [라삐스] 연필　　**feliz** [펠리스] 행복한　　**zona** [쏘나] 지역, 지대

악센트 위치

스페인어는 단어마다 각각의 강세가 있습니다.

❶ 모음이나 n, s로 끝나는 단어는 끝에서 두 번째 음절에 악센트가 있습니다.
　예 **casa** [까싸] 집　　**grande** [그란데] 큰
　　examen [엑싸멘] 시험　　**mesas** [메싸스] 테이블들

❷ n, s를 제외한 자음으로 끝나는 단어는 마지막 음절에 강세가 있습니다.
　예 **universidad** [우니베르씨닫] 대학　　**color** [꼴로르] 색　　**favor** [파보르] 호의

❸ 위의 악센트 규칙을 따르지 않는 단어들은 악센트 부호를 찍어 강세 위치를 나타냅니다.
　예 **canción** [깐씨온] 노래　　**día** [디아] 날, 일

❹ 또한 동음이의어를 구별하기 위해서도 악센트가 사용됩니다.
　예 **te** [떼] 너를, 너에게(직, 간접목적격 대명사)　　**té** [떼] 차(음료)

명사의 성과 수

🌸 명사의 성

스페인어의 명사에는 남성과 여성이 있습니다. 일반적으로 o로 끝나면 남성명사, a로 끝나면 여성명사이며, 명사의 종류는 다음과 같이 분류됩니다.

❶ o로 끝나는 남성명사를 a로 바꾸면 여성형이 되는 명사

예 coreano [꼬레아노] 한국인(남자) → coreana [꼬레아나] 한국인(여자)
   amigo [아미고] 친구(남자) → amiga [아미가] 친구(여자)

❷ 자음으로 끝나는 남성명사의 어미에 a를 붙여서 여성형을 만드는 명사

예 español [에스빠뇰] 스페인 사람(남자) → española [에스빠뇰라] 스페인 사람(여자)
   doctor [독또르] 박사(남자) → doctora [독또라] 박사(여자)

❸ 남성과 여성의 형태가 다르고 의미에 따라서 성을 구분하는 명사

예 padre [빠드레] 아버지   madre [마드레] 어머니
   hombre [옴브레] 남자   mujer [무헤르] 여자

❹ 남성과 여성의 형태가 동일하고 관사로 구분하는 명사

예 el pianista [엘 삐아니스따] 그 남자 피아니스트
   la pianista [라 삐아니스따] 그 여자 피아니스트

   el estudiante [엘 에스뚜디안떼] 그 남학생
   la estudiante [라 에스뚜디안떼] 그 여학생

❺ 예외적으로 a로 끝나지만 남성인 명사

예 día [디아] 날, 일   sistema [씨스떼마] 시스템
   problema [쁘로블레마] 문제   programa [쁘로그라마] 프로그램

❻ 예외적으로 o로 끝나지만 여성인 명사

예 mano [마노] 손   foto [포또] 사진
   moto [모또] 오토바이   radio [ㄹ라디오] 라디오 방송

❼ ción, sión, dad, tad로 끝나는 여성명사

예 canción [깐씨온] 노래   división [디비씨온] 분할
   ciudad [씨우닫] 도시   amistad [아미스딷] 우정

🌿 명사의 수

일반적으로 모음으로 끝나는 명사에는 s를, 자음으로 끝나는 명사에는 es를 붙여서 복수형을 만들어 줍니다.

❶ 모음으로 끝나는 명사의 복수형

⑩ coreano [꼬레아노] 한국인 → coreanos [꼬레아노스] 한국인들
   amiga [아미가] 친구 → amigas [아미가스] 친구들

❷ 자음으로 끝나는 명사의 복수형

⑩ doctor [독또르] 박사 → doctores [독또레스] 박사들
   universidad [우니베르씨닫] 대학 → universidades [우니베르씨다데스] 대학들

 관사

스페인어에도 영어의 the와 a/an에 해당하는 정관사와 부정관사가 있습니다. 관사는 명사와 성, 수가 일치해야 합니다. 다시 말해, 명사가 단수형이면 관사도 단수형, 명사가 복수형이면 관사도 복수형으로 만들어 줘야 합니다.

🌿 정관사

남성 단수명사에는 el, 남성 복수명시에는 los, 여성 단수명사에는 la, 여성 복수명사에는 las를 사용합니다.

	단수	복수
남성	el [엘]	los [로스]
여성	la [라]	las [라스]

★ 정관사와 명사의 성, 수 일치

정관사는 다음과 같이 뒤에 나오는 명사의 성, 수와 일치시켜 줍니다. 즉, 단수명사에는 단수 정관사, 복수명사에는 복수 정관사를 붙여 줍니다.

⑩ el libro [엘 리브로] 그 책   los libros [로스 리브로스] 그 책들
   el amigo [엘 아미고] 그 친구   los amigos [로스 아미고스] 그 친구들
   la casa [라 까싸] 그 집   las casas [라스 까싸스] 그 집들
   la foto [라 포또] 그 사진   las fotos [라스 포또스] 그 사진들

🌸 부정관사

부정관사는 남성명사 앞에서는 un, 여성명사 앞에서는 una를 사용합니다. un과 una는 '하나의' 또는 '어떤'이라는 의미를 갖습니다. 부정관사의 복수형인 unos와 unas는 '몇 개의' 또는 '얼마간'의 의미로, 영어로는 some에 해당합니다. unos는 남성 복수명사 앞에, unas는 여성 복수명사 앞에 사용합니다.

	단수	복수
남성	un [운]	unos [우노스]
여성	una [우나]	unas [우나스]

★ 부정관사와 명사의 성, 수 일치

부정관사도 마찬가지로 뒤에 오는 명사와 성, 수를 일치시켜 줍니다.

⑩ un libro [운 리브로] 한 권의 책   unos libros [우노스 리브로스] 몇 권의 책들
un amigo [운 아미고] 한 명의 친구   unos amigos [우노스 아미고스] 몇 명의 친구들
una casa [우나 까싸] 한 채의 집   unas casas [우나스 까싸스] 몇 채의 집들
una foto [우나 포또] 한 장의 사진   unas fotos [우나스 포또스] 몇 장의 사진들

 형용사

스페인어에서는 형용사도 남성과 여성을 구분하여 사용합니다. o로 끝나는 남성 단수 형용사는 여성명사 앞에서 o를 a로 바꾸어 주고, 자음으로 끝나는 남성 단수 형용사들은 a를 추가합니다. 또한 남성과 여성의 형태가 동일한 형용사들도 있습니다.

남성 단수	여성 단수
alto [알또] 키가 큰	alta [알따] 키가 큰
español [에스빠뇰] 스페인의	española [에스빠뇰라] 스페인의
elegante [엘레간떼] 우아한	elegante [엘레간떼] 우아한

★ 형용사와 명사의 성, 수 일치

형용사도 관사와 마찬가지로 명사와 성, 수를 일치시켜야 합니다. 남성 단수형이 o로 끝나는 형용사는 o를 a로 바꾸면 여성 형용사가 됩니다.

예 **un chico alto** [운 치꼬 알또] 키 큰 소년
una chica alta [우나 치까 알따] 키 큰 소녀
un museo famoso [운 무쎄오 파모쏘] 유명한 박물관
una universidad famosa [우나 우니베르씨닫 파모싸] 유명한 대학교

★ 명사+형용사

스페인어에서 대부분의 형용사는 명사 뒤에 위치합니다. 형용사가 뒤에서 명사를 수식하여 명사의 성질 및 상태를 묘사합니다.

예 **casa blanca** [까싸 블랑까] 흰 집   **libro bonito** [리브로 보니또] 예쁜 책

★ 형용사+명사

명사의 본질적인 속성을 표현, 강조하거나 화자의 주관적인 가치를 나타내고자 할 때에는 형용사를 명사 앞에 놓습니다.

예 **blanca nieve** [블랑까 니에베] 흰 눈   **dulce miel** [둘쎄 미엘] 단 꿀

➡ 위치에 따라 의미가 달라지는 형용사 118쪽

- -

 우리가 흔히 들어서 알고 있는 미국의 지명들 중에 스페인어가 많이 있습니다. 미국의 대표적인 도시 이름인 **Los Ángeles** [로스 앙헬레스] (로스앤젤레스)와 **Las Vegas** [라스 베가스] (라스베이거스) 역시 각각 '그 천사들', '그 평야들'이라는 의미를 지닌 스페인어입니다.

Día 02
인사 표현 익히기

MP3와 강의를 들어 보세요

일반적인인사 🎧 MP3 02-01

> 올 라
> ¡Hola!
> 안녕!

> 올 라
> ¡Hola!
> 안녕하세요!

Tip 영어의 **Hi, Hello**에 해당하는, 하루 중 어느 때든 사용할 수 있는 짧고 간단한 인사말입니다. 스페인어에서 느낌표를 사용할 때에는 처음과 끝에 각각 ¡ 와 !를 적어 줍니다. 마찬가지로 물음표도 앞뒤로 ¿ 와 ?를 적습니다.

아침인사 🎧 MP3 02-02

> 부 에 노 스 디 아 스
> ¡Buenos días!
> 좋은 아침입니다!

> 부 에 노 스 디 아 스
> ¡Buenos días!
> 좋은 아침입니다!

낮인사 🎧 MP3 02-03

> 부 에 나 스 따 르 데 스
> ¡Buenas tardes!
> 좋은 오후입니다!

> 부 에 나 스 따 르 데 스
> ¡Buenas tardes!
> 좋은 오후입니다!

저녁/밤 인사

🎧 MP3 02-04

부에나스 노체스
¡Buenas noches!
좋은 저녁입니다!

부에나스 노체스
¡Buenas noches!
좋은 밤입니다!

첫 만남

🎧 MP3 02-05

무초 구스또
Mucho gusto.
처음 뵙겠습니다.

엔깐따다
Encantada.
만나서 반갑습니다.

Tip '만나서 반갑습니다'라고 할 때 남자는 **Encantado** [엔깐따도], 여자는 **Encantada** [엔깐따다]라고 합니다.

🏠 헤어질 때

🎧 MP3 02-06

차오
¡Chao!
안녕!

아스따 루에고
¡Hasta luego!
또 만나자!

아디오스
¡Adiós!
안녕!

Tip **Chao** [차오]는 잠시 헤어졌다가 다시 만나는 경우(다음 날이나 다음 주 등)에 사용하며, **Adiós** [아디오스]는 오랜 시간 동안의 헤어짐(장기간의 해외 여행 등)이나 다시 만나기 힘들 때 사용합니다.

잠자리에 들 때

🎧 MP3 02-07

부에나스 노체스
¡Buenas noches!
좋은 밤입니다!

부에나스 노체스
¡Buenas noches!
잘 자!

> **Tip** ¡Buenas noches! [부에나스 노체스]는 저녁이나 밤 인사로, 잠자리에 들 때에도 사용 가능한 표현입니다.

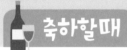
축하할 때

🎧 MP3 02-08

펠리씨다데스
¡Felicidades!
축하합니다!

그라씨아스
Gracias.
감사합니다.

> **Tip** 축하 표현으로는 Enhorabuena [엔오라부에나]도 있습니다. Felicidades [펠리씨다데스]는 주로 생일을 축하할 때 사용하며, Enhorabuena는 시험 합격이나 졸업 등 노력에 따른 성취를 축하할 때 사용합니다.

감사할 때

🎧 MP3 02-09

무차스 그라씨아스
¡Muchas gracias!
정말 감사합니다!

데 나다
De nada.
천만에요.

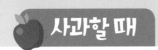

🎧 MP3 02-10

로 씨엔또
Lo siento.
죄송합니다.

노 임뽀르따
No importa.
괜찮아요.

🎧 MP3 02-11

노 빠사 나다
No pasa nada.
괜찮아요.

뻬르돈
Perdón.
미안해요.

🍎 식사할 때

🎧 MP3 02-12

부엔 쁘로베초
¡Buen provecho!
맛있게 드세요!

에스또이 싸띠스페초
Estoy satisfecho.
잘 먹었습니다.

> **Tip** '잘 먹었습니다'라고 할 때 여성인 경우 **Estoy satisfecha** [에스또이 싸띠스페차]라고 합니다.

Día 03

Yo hablo español.

나는 스페인어를 해.

월 일

MP3와 강의를 들어 보세요

 공부 순서

동영상 강의

본책

복습용 동영상

단어장

단어암기 동영상

핵심 문장 익히기

🎧 MP3 03-01 들어 보기   🎤 MP3 03-02 말해 보기

1

요   아 블 로   에 스 빠 뇰
Yo hablo español. 나는 스페인어를 해.

★ 인칭대명사

yo [요]	나	nosotros (남) [노쏘뜨로스] nosotras (여) [노쏘뜨라스]	우리들
tú [뚜]	너	vosotros (남) [보쏘뜨로스] vosotras (여) [보쏘뜨라스]	너희들
él [엘] ella [에야] usted [우스뗀]	그 그녀 당신	ellos [에요스] ellas [에야스] ustedes [우스떼데스]	그들 그녀들 당신들

★ 주어의 생략

스페인어의 인칭대명사는 위의 여섯 가지로 구분되며 인칭에 따라 동사가 변화합니다. 따라서 동사만 보아도 주어를 유추할 수 있기 때문에 주격 인칭대명사는 흔히 생략합니다. 또한 nosotras, vosotras, ellas와 같은 여성형은 여성만을 지칭하는 경우에 사용됩니다. 즉, 여성이 백 명이고 남성은 한 명이라고 하더라도 인칭대명사는 nosotros, vosotros, ellos와 같이 남성형을 사용합니다.

★ 동사 변화

스페인어에서는 각각의 인칭에 맞게 동사가 변화합니다. 위의 예문에서와 같이 yo(나)에 해당하는 hablar(말하다) 동사의 형태는 hablo이며 tú(너)에 해당하는 동사는 hablas입니다.

 왕초보 탈출 팁

존칭어인 usted은 의미상 2인칭이지만 3인칭 동사를 사용함에 주의하세요.

🎸 **단어**

yo 나
hablo 말하다(hablar의 1인칭 단수형)
español 스페인어
tú 너
hablas 말하다(hablar의 2인칭 단수형)

공부한 내용을 확인해 보세요!

❶ Yo _____ español. 나는 스페인어를 한다.

❷ Tú _____ español. 너는 스페인어를 한다.

 정답
① hablo ② hablas

2

아 블 라 스　　뚜　　에 스 빠 뇰

¿Hablas tú español? 너는 스페인어를 하니?

★ -ar로 끝나는 규칙동사 변화

스페인어에는 -ar, -er, -ir로 끝나는 동사들이 있습니다. 동사들은 각각의 인칭에 맞게 변화합니다. 규칙동사 변화와 해당 동사들만 암기하여도 상당히 많은 스페인어 표현을 구사할 수 있게 됩니다.

📻 hablar [아블라르] 말하다

yo 나	hablo	nosotro(a)s 우리들	hablamos
tú 너	hablas	vosotro(a)s 너희들	habláis
él/ella/usted 그/그녀/당신	habla	ellos/ellas/ustedes 그들/그녀들/당신들	hablan

★ -ar로 끝나는 규칙동사들

estudiar [에스뚜디아르] 공부하다
comprar [꼼쁘라르] 사다
trabajar [뜨라바하르] 일하다
cocinar [꼬씨나르] 요리하다

preparar [쁘레빠라르] 준비하다
cantar [깐따르] 노래하다
bailar [바일라르] 춤추다
necesitar [네쎄씨따르] 필요하다

📻 Elena baila tango. 엘레나는 탱고를 춘다.
　　Estudiamos inglés. 우리들은 영어를 공부한다.
　　¿Ellos preparan la comida? 그들이 음식을 준비하니?

 왕초보 탈출 팁

usted를 줄여서 Ud. 혹은 Vd. 라고도 쓸 수 있으며, 나이 차이가 많이 나더라도 가족이나 친한 사람들 간에는 usted 대신 tú를 사용하는 게 일반적입니다.

🍳 의문문 만들기

스페인어에서 의문문은 주어와 술어의 위치를 바꾸고 물음표를 붙이거나 평서문 자체에 물음표를 붙여서 만들 수 있습니다. 그리고 의문문 앞뒤에 각각 ¿ 와 ?를 적어 줍니다.
→ 의문문 만들기 58쪽

🎸 단어

tango 탱고
inglés 영어
comida 음식
ruso 러시아어

공부한 내용을 확인해 보세요!

❶ Ustedes _____ ruso. 당신들은 러시아어를 합니다.

❷ ¿_____ él español? 그는 스페인어를 하니?

 정답

① hablan ② Habla

핵심 문장 익히기

 MP3 03-05 들어 보기 　🎤 **MP3** 03-06 말해 보기

3

엘　　꼬메　　우나　　암부르게싸

Él come una hamburguesa. 그는 햄버거를 먹어.

★ -er로 끝나는 규칙동사 변화

-er로 끝나는 동사들을 살펴봅시다.

예) comer [꼬메르] 먹다

yo 나	como	nosotro(a)s 우리들	comemos
tú 너	comes	vosotro(a)s 너희들	coméis
él/ella/usted 그/그녀/당신	come	ellos/ellas/ustedes 그들/그녀들/당신들	comen

★ -er로 끝나는 규칙동사들

aprender [아쁘렌데르] 배우다 　　　leer [레에르] 읽다

vender [벤데르] 팔다 　　　correr [꼬르레르] 달리다, 뛰다

beber [베베르] 마시다 　　　comprender [꼼쁘렌데르] 이해하다

예) Tú aprendes la historia coreana.　너는 한국 역사를 배운다.
　　Ellos leen el libro de texto.　그들은 교과서를 읽는다.

★ 의문대명사 qué

qué는 영어의 what에 해당하는 의문대명사로 '무엇'을 의미하며, 목적어를 묻고 싶을 때 사용합니다.

예) A: ¿Qué venden ellos?　그들은 무엇을 팝니까?
　　B: Ellos venden libros.　그들은 책을 팝니다.

 공부한 내용을 확인해 보세요!

❶ Ustedes _____ libros.　당신들은 책을 읽는다.

❷ ¿Qué _____ tú?　너는 뭘 마시니?

 왕초보 탈출 팁

una는 부정관사, el과 la는 정관사입니다. 스페인어에서 관사는 모두 뒤에 나오는 명사와 성과 수를 일치시켜 줍니다.
➔ 관사 25쪽

단어

comer 먹다
una 하나의(부정관사 여성 단수형)
hamburguesa 햄버거
historia coreana 한국사
libro 책
libro de texto 교과서
qué 무엇
vender 팔다

 정답
① leen ② bebes

38

4

요　노　비보　엔　쎄울
Yo no vivo en Seúl. 나는 서울에 살지 않아.

★ -ir로 끝나는 규칙동사 변화

-ir로 끝나는 동사들은 다음과 같이 변화합니다.

예 vivir [비비르] 살다

yo 나	vivo	**nosotro(a)s** 우리들	vivimos
tú 너	vives	**vosotro(a)s** 너희들	vivís
él/ella/usted 그/그녀/당신	vive	**ellos/ellas/ustedes** 그들/그녀들/당신들	viven

★ -ir로 끝나는 규칙동사들

escribir [에스끄리비르] 쓰다　　**recibir** [레씨비르] 받다
dividir [디비디르] 나누다　　　**compartir** [꼼빠르띠르] 공유하다
abrir [아브리르] 열다　　　　**permitir** [뻬르미띠르] 허락하다

예 Alfredo recibe un regalo. 알프레도는 선물을 받는다.
　　Juana abre la puerta. 후아나는 문을 연다.

★ 부정문 만들기

스페인어에서는 평서문 앞에 no만 붙여 주면 부정문이 됩니다.

예 Yo hablo coreano. 나는 한국어를 한다.
　　Yo no hablo coreano. 나는 한국어를 못 한다.

 공부한 내용을 확인해 보세요!

❶ Yo _____ la puerta. 나는 문을 연다.

❷ Ellos _____ en Seúl. 그들은 서울에 산다.

 질문에 대한 부정 답변

스페인어에서 질문에 대한 부정의 답변을 할 때에는 먼저 No라고 말한 후에 정확한 정보를 전달해 줍니다.

예 A: ¿Vives tú en Seúl?
　　너는 서울에 사니?
　B: No, vivo en Los Ángeles.
　　아니, 로스앤젤레스에 살아.

🎸 단어

no 아니, ~ 않다
vivir 살다
en ~ 안에
Seúl 서울
regalo 선물
puerta 문
coreano 한국어
Los Ángeles 로스앤젤레스

 정답

① abro　② viven

도전! 실전 회화

🎧 MP3 03-09 들어 보기　　🎙 MP3 03-10 말해 보기

올 라　　부 에 노 스　디 아 스　　아 나　　 께 딸
Hola❶, buenos días,❷ Ana. ¿Qué tal?❸

비 엔　　 이 뚜
Bien, ¿y tú?

무 이　　비 엔
Muy bien.

...

에 스 또 스　디 아 스　에 스 뚜 디 오　　이 딸 리 아 노
Estos días estudio italiano.

아　　 아 블 라 스　뚜　　이 딸 리 아 노
Ah, ¿hablas tú italiano?

씨　　운　　뽀 꼬
Sí, un poco.

 회화Tip

❶ Hola[올라]는 영어의 Hi, Hello에 해당하는 표현으로 어느 때든 말할 수 있는 친한 사람들 간의 인사말입니다.

❷ Buenos días[부에노스 디아스]는 아침 인사, Buenas tardes[부에나스 따르데스]는 오후 인사이며, 저녁 및 밤에는 Buenas noches[부에나스 노체스]라고 합니다.

❸ 친분이 있는 사람끼리 안부를 물을 때는 ¿Qué tal?[께 딸]이라고 합니다. 이에 대한 답변으로는 Bien[비엔](잘 지내), Muy bien[무이 비엔](아주 잘 지내), Regular[레굴라르](그럭저럭 지내), Mal[말](별로야) 등이 있습니다.

호세	안녕, 좋은 아침이야. 아나. 어떻게 지내?	
아나	잘 지내, 너는?	
호세	아주 잘 지내.	
...		
아나	요즘 나는 이탈리아어를 공부해.	
호세	아, 너 이탈리아어를 하니?	
아나	응, 조금.	

단어

bueno 좋은	**día** 날, 주간 🕛	**¿Qué tal?** 어떻게 지내니?
bien 잘	**y** 그리고	**muy** 매우, 아주
estos días 요즘	**estudiar** 공부하다	**italiano** 이탈리아어
hablar 말하다	**sí** 네, 응	**un poco** 조금

기본 회화 연습

~을 말하다 hablar ~

요　아블로　에스빠뇰
Yo hablo español.　나는 스페인어를 합니다.

노쏘뜨로스　아블라모스　치노
Nosotros hablamos chino.　우리들은 중국어를 합니다.

에야　아블라　루쏘
Ella habla ruso.　그녀는 러시아어를 합니다.

~을 먹다 comer ~

뚜　꼬메스　우나　암부르게싸
Tú comes una hamburguesa.　너는 햄버거를 먹는다.

로스　꼬레아노스　꼬멘　아르로스
Los coreanos comen arroz.　한국인들은 밥을 먹는다.

꼬메모스　삐싸
Comemos pizza.　우리들은 피자를 먹는다.

~에 살다 vivir en ~

비보　엔　쎄울
Vivo en Seúl.　저는 서울에 삽니다.

우스뗃　비베　엔　대구
Usted vive en Daegu.　당신은 대구에 삽니다.

비벤　엔　우루구우아이
Viven en Uruguay.　그들은 우루과이에 삽니다.

chino 중국어, 중국 남자	**ruso** 러시아어, 러시아 남자	**hamburguesa** 햄버거
coreano 한국어, 한국 남자	**arroz** 쌀, 밥 🍚	**pizza** 피자
Uruguay 우루과이	**estudiar** 공부하다	**historia** 역사
cocinar 요리하다	**casa** 집	**Madrid** 마드리드

1 밑줄 친 부분에 들어갈 알맞은 인칭대명사 혹은 동사를 적으세요.

1 A: **¿Qué comen Sara y Julia?** 사라와 훌리아는 뭘 먹니?

   B: _____ **comen pizza.** 그녀들은 피자를 먹어.

2 A: **¿Qué _____ vosotros?** 너희들은 무엇을 공부하니?

   B: **Estudiamos historia.** 우리들은 역사를 공부해.

3 A: **¿Dónde _____ Marisa?** 마리사는 어디서 요리하니?

   B: **Ella cocina en casa.** 그녀는 집에서 요리해.

2 빈칸에 들어갈 알맞은 말을 고르세요.

1 **Yo _____ un libro.** 나는 책을 씁니다.

   ① escribe   ② escribir   ③ escribo   ④ escriben

2 **Juan y Josefina _____.** 후안과 호세피나는 공부를 합니다.

   ① estudiamos   ② estudias   ③ estudian   ④ estudio

3 **Pilar _____ en Madrid.** 필라르는 마드리드에 삽니다.

   ① vivo   ② vive   ③ viven   ④ vivimos

Día 04

Yo soy coreano.

나는 한국인이야.

월   일

MP3와 강의를 들어 보세요

동영상 강의

본책

복습용 동영상

단어장

단어암기 동영상

1

🎧 MP3 04-01 들어 보기　🎤 MP3 04-02 말해 보기

요　　쏘이　　꼬 레 아 노

Yo soy coreano. 나는 한국인이야.

★ 불규칙동사 ser: ~이다

ser 동사는 사람과 사물의 본질(이름, 직업, 신분, 국적, 외모, 성격, 출신 등)을 나타낼 때 사용합니다.

yo	soy	nosotro(a)s	somos
tú	eres	vosotro(a)s	sois
él/ella/usted	es	ellos/ellas/ustedes	son

예 Yo soy Juan. 저는 후안입니다.

　Tú eres dentista. 너는 치과 의사이다.

　Nosotras somos profesoras. 우리들은 선생님이다.

　Él es amable. 그는 친절하다.

　Carlos es alto. 카를로스는 키가 크다.

 왕초보 탈출 팁

ser 동사는 앞으로 배울 estar 동사와 함께 영어의 be 동사에 해당합니다.
➔ ser 동사의 용법 179쪽

 단어

coreano 한국 남자
dentista 치과 의사 (남)(여)
profesora 여자 선생님
amable 친절한
alto 키가 큰, 높은

공부한 내용을 확인해 보세요!

❶ Yo _____ coreano. 저는 한국인(남)입니다.

❷ Tú _____ amable. 너는 친절하다.

정답
① soy　② eres

 MP3 04-03 들어 보기   🎤 **MP3 04-04** 말해 보기

2

데   돈 데   에 레 스   뚜
¿De dónde eres tú? 너는 어디 출신이니?

⭐ 전치사 de

스페인어에서 de는 영어의 of 또는 from에 해당하는 전치사로, 위의 문장에서는 from의 의미로 사용되었습니다. 따라서 ¿De dónde eres tú?는 Where are you from?을 의미합니다. 국적을 물어볼 때에는 항상 de를 의문사 dónde(어디) 앞에 놓습니다.

⭐ 의문대명사 dónde

영어의 where에 해당하는 의문대명사로 '어디'를 의미합니다.

📢 **A:** ¿Dónde estudias tú? 너는 어디서 공부하니?
   B: Estudio en la biblioteca. 나는 도서관에서 공부해.

⭐ 출신 질문에 대한 답변

¿De dónde eres tú?(너는 어디 출신이니?)라는 질문에 대해 Soy de 다음에 국가 명을 붙여서 대답할 수 있습니다.

📢 Soy de Corea. 나는 한국 출신이야.
   Soy de Francia. 나는 프랑스 출신이야.

🌮 왕초보 탈출 팁

Soy de Corea 대신에 '나는 한국 사람이야'라는 뜻을 가진 표현인 Soy coreano(남) 또는 Soy coreana(여) 라고 말할 수 있습니다.

🎸 단어

de ~의, ~에서 온
dónde 어디
estudiar 공부하다
en ~에서, ~ 안에
biblioteca 도서관
Corea 한국
Francia 프랑스

 공부한 내용을 확인해 보세요!

❶ _____ de Francia. 나는 프랑스 출신이다.

❷ ¿ _____ ustedes de Corea? 당신들은 한국 출신입니까?

 정답
① Soy ② Son

핵심 문장 익히기

🎧 MP3 04-05 들어 보기   🎤 MP3 04-06 말해 보기

3

에 스 떼   리 브 로   에 스   그 란 데
Este libro es grande. 이 책은 크다.

⭐ 지시어(지시형용사, 지시대명사)

	성	이, 이것	그, 그것	저, 저것
단수	남성	este	ese	aquel
	여성	esta	esa	aquella
복수	남성	estos	esos	aquellos
	여성	estas	esas	aquellas

지시어는 지시형용사로 쓰여서 명사 앞에 오거나 지시대명사로 독립적으로 사용되며, 가리키는 대상과 성, 수를 일치시켜야 합니다. 기본 형태는 este, ese, aquel이고 뒤에 오는 명사의 성과 수에 따라서 변화합니다.

남성	단수	este libro 이 책	ese libro 그 책	aquel libro 저 책
	복수	estos libros 이 책들	esos libros 그 책들	aquellos libros 저 책들
여성	단수	esta flor 이 꽃	esa flor 그 꽃	aquella flor 저 꽃
	복수	estas flores 이 꽃들	esas flores 그 꽃들	aquellas flores 저 꽃들

예 Este libro es de Juan. 이 책은 후안의 것이다.
   Esa es mi prima. 그 사람이 내 여자 사촌이다.

 왕초보 탈출 팁

스페인어는 지시형용사와 지시대명사의 형태가 동일합니다.

 왕초보 탈출 팁

스페인어에는 소유를 나타내는 영어의 's가 존재하지 않습니다. 따라서 '~의'라고 표현하려면 영어의 of에 해당하는 de를 사용합니다.

예 la casa de Juan 후안의 집

 단어

libro 책
grande 큰
flor 꽃 예
de ~의(소유를 나타내는 표현)
mi 나의
prima 여자 사촌
casa 집
celular 휴대폰 남
coche 자동차 남
rojo 빨간, 빨간색

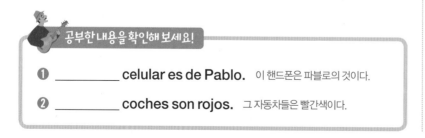

공부한 내용을 확인해 보세요!

❶ _____ celular es de Pablo. 이 핸드폰은 파블로의 것이다.

❷ _____ coches son rojos. 그 자동차들은 빨간색이다.

 정답

① Este ② Esos

4

께　　오 라　　에 스
¿Qué hora es? 몇 시입니까?

⭐ 시간 표현에 사용되는 ser 동사

¿Qué hora es?는 '몇 시입니까?'라는 뜻이고, 이에 대답할 때에도 ser 동사를 사용합니다. 스페인어에서 시간은 여성명사이기 때문에 시간을 말할 때 숫자 앞에 여성 정관사(la 혹은 las)를 붙여 줍니다.

➡ 정관사 25쪽

⭐ ser 동사+여성정관사+숫자

1시부터 1시 59분까지는 ser 동사의 3인칭 단수형(es)을 사용합니다.

🔊 Es la una. 1시입니다.
　　Es la una y diez. 1시 10분입니다.
　　Es la una y media. 1시 반입니다.

2시부터는 ser 동사의 3인칭 복수형(son)을 사용합니다.

🔊 Son las dos. 2시입니다.
　　Son las siete y cuarto. 7시 15분입니다.
　　Son las cinco en punto. 5시 정각입니다.

1	uno	2	dos	3	tres	4	cuatro	5	cinco
6	seis	7	siete	8	ocho	9	nueve	10	diez
11	once	12	doce	13	trece	14	catorce	15	quince

➡ 숫자 익히기 176쪽

공부한 내용을 확인해 보세요!

❶ ¿Qué hora _____? 몇 시입니까?

❷ _____ las seis de la tarde. 오후 6시입니다.

왕초보 탈출 팁

시와 분 사이에는 y를 넣어 주며 30분은 '절반'을 뜻하는 media를 주로 사용합니다.

왕초보 탈출 팁

15분은 1/4을 의미하는 cuarto를 쓰거나 숫자 15에 해당하는 quince를 사용해서 표현합니다. 정각을 나타낼 때에는 시간 다음에 en punto를 붙여 줍니다.

단어

qué 무엇
hora 시간
y 그리고
media 절반, 30분
cuarto 1/4, 15분
en punto 정각
tarde 오후 ⑭

정답

① es　② Son

도전! 실전 회화

José

에 레 스   뚜   에 스 뚜 디 안 떼
¿Eres tú estudiante?

Ana

씨   쏘 이   에 스 뚜 디 안 떼
Sí❶ , soy estudiante.

José

에 스   엘 레 나   브 로 페 쏘 라
¿Es Elena profesora❷?

Ana

노   노 에 스   브 로 페 쏘 라   에 야   에 스   깐 딴 떼
No, no es profesora. Ella es cantante.

회화Tip

❶ 긍정의 대답에는 Sí, 부정의 대답에는 No를 사용합니다.

❷ profesora는 profesor의 여성형으로, 자음으로 끝난 남성명사에 a를 첨가하여 여성형을 만들어 주는 명사군에 속합니다.

　　예 español [에스빠뇰] 스페인 남자 → española [에스빠뇰라] 스페인 여자

　　pintor [삔또르] 화가 🚹 → pintora [삔또라] 화가 🚺

　　➲ 명사의 성과 수 24쪽

호세	너는 학생이니?
아나	응, 나는 학생이야.
호세	엘레나는 선생님이니?
아나	아니, 선생님이 아니야. 그녀는 가수야.

🎧 **MP3 04-11 들어 보기** 🎙️ **MP3 04-12 말해 보기**

나는 ~ 이다 Soy ~

쏘 이   메 히 까 노
Soy mexicano. 저는 멕시코인입니다.
mexicana 여

쏘 이   치 노
Soy chino. 저는 중국인입니다.
china 여

쏘 이   에 스 뚜 디 안 떼
Soy estudiante. 저는 학생입니다.

쏘 이   깐 딴 떼
Soy cantante. 저는 가수입니다.

나는 (성격 및 생김새가) 어떠하다 Soy + 형용사

쏘 이   아 마 블 레
Soy amable. 나는 친절해.

쏘 이   바 호
Soy bajo. 나는 키가 작아.
baja 여

쏘 이   델 가 도
Soy delgado. 나는 날씬해.
delgada 여

쏘 이   악 띠 보
Soy activo. 나는 활동적이야.
activa 여

단어

mexicano/a 멕시코인
cantante 가수 남 여
delgado 마른, 날씬한

chino/a 중국인
amable 친절한
activo 활동적인

estudiante 학생 남 여
bajo 키가 작은

52

1 밑줄 친 부분에 들어갈 알맞은 ser 동사 형태를 적으세요.

1 A: **¿Son ustedes cantantes?** 당신들은 가수들입니까?

   B: **Sí, _____ cantantes.** 네, 우리들은 가수입니다.

2 A: **¿Qué hora _____?** 몇 시입니까?

   B: **_____ las dos.** 2시입니다.

3 A: **¿_____ Juana amable?** 후아나는 친절하니?

   B: **Sí, ella _____ amable.** 응, 그녀는 친절해.

4 A: **¿De dónde _____ tú?** 너는 어디 출신이니?

   B: **_____ de Corea.** 나는 한국 출신이야.

2 밑줄 친 부분에 알맞은 지시어를 적으세요.

1 _____ **casa** 이 집   2 _____ **muchachos** 이 소년들

3 _____ **hombres** 그 남자들   4 _____ **coche** 그 자동차

5 _____ **biblioteca** 저 도서관 6 _____ **libros** 저 책들

Día 05

Juan está en la biblioteca.

후안은 도서관에 있어.

월   일

MP3와 강의를 들어 보세요

 공부 순서

동영상 강의

본책

복습용 동영상

단어장

단어암기 동영상

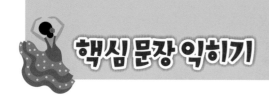

핵심 문장 익히기

🎧 MP3 05-01 들어 보기　🎤 MP3 05-02 말해 보기

1

돈 데　　에 스 따　　후 안

¿Dónde está Juan? 후안은 어디에 있니?

★ **불규칙동사 estar: (상태가) ~하다, ~에 있다**

estar 동사는 사람과 사물의 일시적인 상태나 주어의 위치를 표현하기 위해서 사용됩니다.

yo	estoy	nosotro(a)s	estamos
tú	estás	vosotro(a)s	estáis
él/ella/usted	está	ellos/ellas/ustedes	están

예 Estoy cansado. 나는 피곤하다.

　　Estamos tristes. 우리들은 슬프다.

　　Mi primo está enfermo. 나의 사촌은 아프다.

　　La casa está sucia. 집이 더럽다.

 단어

dónde 어디
cansado 피곤한
triste 슬픈
mi 나의
primo 남자 사촌
enfermo 아픈
casa 집
sucio 더러운
libro 책
de ~의
español 스페인어

 공부한 내용을 확인해 보세요!

❶ Ellos _____ tristes. 그들은 슬프다.

❷ ¿Dónde _____ el libro de español?
스페인어 책은 어디에 있습니까?

 정답
① están ② está

56

2

후안   에 스 따   엔 라   비 블 리 오 떼 까
Juan está en la biblioteca. 후안은 도서관에 있어.

⭐ 전치사 en

'~에'라고 위치를 표현할 때에는 장소 앞에 전치사 en을 씁니다.

🗨 **A:** ¿Dónde está Carlos? 카를로스는 어디에 있니?
  B: Él está en la librería. 그는 서점에 있어.

⭐ 위치 표현 전치사구 **1**

al lado de la mesa	테이블 옆에
encima de / sobre la mesa	테이블 위에
debajo de la mesa	테이블 아래에
delante de la mesa	테이블 앞에
detrás de la mesa	테이블 뒤에
lejos de la mesa	테이블 멀리에
cerca de la mesa	테이블 가까이에

🗨 Ellos viven lejos de la universidad.
  그들은 대학교에서 멀리 떨어진 곳에 산다.
  El libro está sobre la mesa.
  그 책은 테이블 위에 있다.
→ **위치 표현 전치사구 2** 68쪽

 위치 표현 부사

aquí [아끼]	여기
ahí [아이]	거기
allí [아이]	저기

 단어

en ~에
biblioteca 도서관
librería 서점
mesa 테이블
vivir 살다
universidad 대학교 🔵
habitación 방 🔵

🎸 공부한 내용을 확인해 보세요!

❶ Nosotros _____ en la habitación. 우리들은 방에 있다.

❷ La biblioteca está _____ _____ la librería.
  도서관은 서점 가까이에 있다.

 정답

① estamos ② cerca de

핵심 문장 익히기

🎧 MP3 05-05 들어 보기   🎤 MP3 05-06 말해 보기

3

꼬모   에스따   뚜   쁘로페쏘르

¿Cómo está tu profesor? 너의 선생님은 어떻게 지내시니?

★ 안부를 묻는 ¿Cómo estás?/¿Cómo está?

영어의 How are you?에 해당하는 표현으로 안부를 묻는 인사말입니다. tú라고 부를 수 있는 친한 사이에는 ¿Cómo estás?(어떻게 지내니?)를, usted에 해당하는 사람에게는 ¿Cómo está?(어떻게 지내세요?)를 씁니다. 이에 대한 답변으로는 Estoy bien, gracias(잘 지내, 고마워) 혹은 짧게 Bien, gracias라고 합니다.

★ 의문문 만들기

1. 일반적으로 의문문을 만들 때에는 주어와 동사의 위치를 바꾸고 문장 앞뒤에 각각 ¿ 와 ?를 붙이거나, 평서문의 앞뒤에 물음표를 붙이고 끝을 올려 읽습니다.

예 ¿Está Elena bien? 엘레나는 잘 지내니?
　=¿Elena está bien?

2. 평서문 끝에 ¿verdad? 또는 ¿no?를 붙여 부가의문문 형식으로 상대방에게 질문을 하기도 합니다.

예 Elena está bien, ¿verdad? 엘레나는 잘 지내, 그렇지?(=엘레나는 잘 지내지?)
　Juan es inteligente, ¿no? 후안은 영리해, 그렇지 않니?

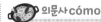 **의문사 cómo**

상태나 방법을 묻는 의문사로 영어의 how에 해당합니다. '어떻게'라고 해석하면 됩니다.

 단어

cómo 어떻게
tu 너의
profesor 선생님, 교수님 🔵
bien 잘, 좋아, 좋습니다
verdad 진실, (부가의문문으로) 그렇지요?
inteligente 영리한, 지적인
gracias 감사합니다, 고마워

공부한 내용을 확인해 보세요!

❶ **¿Cómo _____ usted?** 어떻게 지내세요?

❷ **Estoy bien, gracias, ¿_____ _____?**
　잘 지내요, 감사합니다. 당신은요?

 정답

① está ② y usted

4

미　　쁘로페쏘르　　에스따　　무이　　비엔
Mi profesor está muy bien. 선생님은 아주 잘 지내셔.

★ 소유형용사 전치형

다음의 소유형용사들은 수식하는 명사 앞에 위치합니다.

단수	복수
mi 나의	**mis** 나의
tu 너의	**tus** 너의
su 그의/그녀의/당신의	**sus** 그의/그녀의/당신의
nuestro(a) 우리들의	**nuestro(a)s** 우리들의
vuestro(a) 너희들의	**vuestro(a)s** 너희들의
su 그들의/그녀들의/당신들의	**sus** 그들의/그녀들의/당신들의

예) mi casa 나의 집　　mis casas 나의 집들
　　tu libro 너의 책　　tus libros 너의 책들

nuestro와 vuestro는 여성명사를 수식할 때 o를 a로 바꾸어 주고, 복수형은 os
대신 as를 붙여 줍니다.

예) nuestra casa 우리 집　vuestras cartas 너희들의 편지들
➡ 소유형용사 후치형 182쪽

 🍳 소유형용사

다른 형용사들과 마찬가지로 소
유형용사도 수식하는 명사와 성
과 수를 일치시켜 줍니다.

 단어
muy 매우, 아주
casa 집
carta 편지
Barcelona 바르셀로나

공부한 내용을 확인해 보세요!

❶ ¿Dónde está _____ casa? 너희들의 집은 어디에 있니?

❷ _____ casa está en Barcelona.
우리들의 집은 바르셀로나에 있어.

정답
① vuestra ② Nuestra

도전! 실전 회화

🎧 MP3 05-09 들어 보기　🎤 MP3 05-10 말해 보기

José

올라　아나　　꼬모　에스따스
Hola, Ana. ¿Cómo estás?❶

Ana

아 씨 아 씨　　이　뚜
Así así, ¿y tú?

José

비 엔　　뻬로　에스또이　오꾸빠도　에스또스　디아스
Bien, pero estoy ocupado estos días.

Ana

요　　땀비엔　　에스또이　무이　　오꾸빠다
Yo también estoy muy ocupada❷.

 회화Tip

❶ ¿Cómo estás?에서와 같이 스페인어에서는 동사가 인칭마다 변화하기 때문에 흔히 주어를 생략해 줍니다.

❷ 주어가 Ana, 즉 여성이기 때문에 ocupado를 여성형인 ocupada로 바꾸어 줍니다.

호세	안녕, 아나. 어떻게 지내니?
아나	그럭저럭 지내, 너는?
호세	잘 지내, 하지만 요즘 바빠.
아나	나도 아주 바빠.

단어

así así 그럭저럭, 아쉬운 대로   **y** 그리고   **pero** 그러나, 하지만
ocupado 바쁜   **estos días** 요즘   **también** 역시, 또한
muy 매우, 아주

기본 회화 연습

🎧 MP3 05-11 들어 보기   🎤 MP3 05-12 말해 보기

나는 ~에 있다 (Yo) Estoy en ~

에스또이 엔 라 에스꾸엘라
Estoy en la escuela. 나는 학교에 있다.

에스또이 엔 엘 메뜨로
Estoy en el metro. 나는 지하철에 있다.

에스또이 엔 라 빠라다 데 아우또부스
Estoy en la parada de autobús. 나는 버스 정거장에 있다.

에스또이 엔 라 아비따씨온
Estoy en la habitación. 나는 방에 있다.

나는 (기분이나 상태가) ~하다 Estoy + 형용사

에스또이 뜨리스떼
Estoy triste. 나는 슬프다.

에스또이 알레그레
Estoy alegre. 나는 기쁘다.

에스또이 깐싸도
Estoy cansado. 나는 피곤하다.
cansada⒡

에스또이 레스프리아도
Estoy resfriado. 나는 감기에 걸렸다.
resfriada⒡

단어

escuela 학교
habitación 방⒡
cansado 피곤한

metro 지하철
triste 슬픈
resfriado 감기 걸린

parada de autobús 버스 정거장
alegre 기쁜, 즐거운

62

1 밑줄 친 부분에 들어갈 알맞은 estar 동사 형태를 적으세요.

1 A: ¿Cómo _____ los profesores? 선생님들은 어떻게 지내십니까?

　 B: Ellos _____ bien. 그분들은 잘 지내십니다.

2 A: ¿Cómo _____ tú? 너는 어떻게 지내니?

　 B: _____ bien. 나는 잘 지내.

3 A: ¿Dónde _____ la mesa? 테이블은 어디에 있습니까?

　 B: La mesa _____ en la habitación. 테이블은 방 안에 있습니다.

2 다음 문장을 의문문으로 만들어 보세요.

1 Juan es inteligente. 후안은 영리하다.

　 → ¿_____ inteligente?

2 Elena está en casa. 엘레나는 집에 있습니다.

　 → ¿_____ en casa?

3 El libro está sobre la mesa. 그 책은 테이블 위에 있다.

　 → ¿_____ sobre la mesa?

Día 06

¿Hay una farmacia cerca de aquí?

이 근처에 약국이 있나요?

월   일

MP3와 강의를 들어 보세요

동영상 강의

본책

복습용 동영상

단어장

단어암기 동영상

핵심 문장 익히기

🎧 MP3 06-01 들어 보기　🎤 MP3 06-02 말해 보기

1

Hay un libro en la cama.

침대에 책이 한 권 있어요.

★ **존재를 나타내는 동사 hay: ~이 있다**

영어의 There is/are ~에 해당하는 hay 동사는 항상 동일한 형태로, 인칭에 따른 변화가 없어 활용하기 편리합니다. 또한, hay는 정해지지 않은 존재를 나타낸다는 점에서 특정한 존재를 지칭할 때 사용하는 estar(~이 있다)와 차이가 있습니다. 아래의 예문에서처럼 막연히 '병원이 있다'라고 말하고 싶을 때에는 hay 동사를 사용하고 특정한 병원을 지칭하고 싶을 때에는 estar 동사를 사용합니다.

예 Hay un hospital en la calle.
거리에 병원이 있다.

El hotel Hilton está en la calle.
거리에 힐튼호텔이 있다.

 왕초보 탈출 팁

estar는 특정한 명사의 존재를 나타내기 때문에 정관사와 함께 쓰이는 경우가 일반적인 반면 hay 구문에서는 정관사를 사용할 수 없습니다.

 단어

hay ~이 있다
libro 책
en la cama 침대에
hospital 병원 ⒨
hotel 호텔 ⒨
en la calle 거리에
gato 고양이
museo 박물관
en el parque 공원에

 공부한 내용을 확인해 보세요!

❶ _____ un gato en la calle.　거리에 고양이 한 마리가 있다.

❷ El museo _____ en el parque.　그 박물관은 공원에 있다.

 정답
① Hay　② está

66

2

¿Hay una farmacia cerca de aquí?

이 근처에 약국이 있나요?

★ hay 동사로 평서문과 의문문 만들기

스페인어에서는 각각의 인칭에 맞는 동사가 사용됩니다. 그러나 hay 동사는 뒤이어 나오는 명사의 수에 영향을 받지 않으며, 의문문을 만들 때에는 평서문에 물음표를 붙이고 끝을 올려 읽어 주기만 하면 됩니다.

예 Hay una blusa en el sofá.
　소파 위에 블라우스 하나가 있습니다. (평서문)

　¿Hay una blusa en el sofá?
　소파 위에 블라우스 하나가 있습니까? (의문문)

★ hay 동사의 부정문 만들기

hay 동사를 활용한 부정문을 만들려면 hay 앞에 no만 붙여 주면 됩니다.

예 No hay dinero.
　돈이 없다.

　No hay boletos.
　티켓이 없다.

🍳 왕초보 탈출 팁

위치 표현 cerca de(~에서 가까운)와 aquí(여기)를 합쳐서 cerca de aquí라고 하면 '이 근처에'라는 의미가 됩니다.

 단어

farmacia 약국
cerca de aquí 이 근처에
blusa 블라우스
sofá 소파 (남)
dinero 돈
boleto 표, 티켓
menú 메뉴, 메뉴판 (남)
estudiante 학생 (남)(여)
en la escuela 학교에

🎸 공부한 내용을 확인해 보세요!

❶ ¿_____ menú?　메뉴가 있나요?

❷ _____ _____ estudiantes en la escuela.
　학교에 학생들이 없다.

 정답

① Hay　② No hay

🎧 **MP3** 06-05 들어 보기　🎙 **MP3** 06-06 말해 보기

③ Sí, hay una enfrente de mi casa.

네, 집 앞에 하나 있어요.

★ hay 동사와 함께 쓰는 위치 부사

aquí 여기　　**ahí** 거기　　**allí** 저기

사람이나 사물의 위치를 나타내고 싶을 때에는 hay 동사 앞이나 뒤에 위치 부사를 씁니다.

🗨 Aquí hay un libro.
여기 책이 한 권 있습니다.

Allí hay una tienda de ropa.
저기 옷 가게가 하나 있다.

★ 위치 표현 전치사구 ②

estar 동사와 마찬가지로 hay도 다양한 전치사구를 활용하여 위치를 나타낼 수 있습니다.

a la derecha de **la caja**	상자 오른쪽에
a la izquierda de **la caja**	상자 왼쪽에
dentro de **la caja**	상자 안에
fuera de **la caja**	상자 밖에
enfrente de **la caja**	상자 앞에/상자 맞은편에
entre **la caja** y **el reloj**	상자와 시계 사이에

➔ 위치 표현 전치사구 **1** 57쪽

 단어

enfrente de ~ 앞에, ~ 맞은편에
casa 집
tienda de ropa 옷 가게
caja 상자
reloj 시계 🔊
florería 꽃집, 꽃 가게

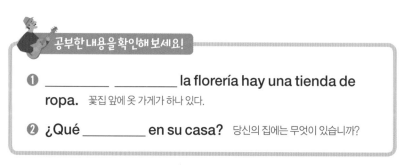
공부한 내용을 확인해 보세요!

❶ _____ _____ la florería hay una tienda de ropa.　꽃집 앞에 옷 가게가 하나 있다.

❷ ¿Qué _____ en su casa?　당신의 집에는 무엇이 있습니까?

 정답
① Enfrente de　② hay

4 Hay que estudiar mucho.

공부를 열심히 해야 해요.

★ Hay que＋동사원형: ～해야 한다

'Hay que＋동사원형'은 특정한 주어 없이 일반적인 모든 사람들을 지칭하는 무인칭 표현입니다. 따라서 특정 주어를 지칭하지 않고 '～해야 한다'라는 당위성을 나타내고자 할 때에 사용합니다.

예) Hay que desayunar.
아침식사를 해야 한다.

Hay que aprender lenguas extranjeras.
외국어를 배워야 한다.

Hay que llegar a tiempo.
제시간에 도착해야 한다.

Hay que respetar a los padres.
부모님을 공경해야 한다.

 왕초보 탈출 팁

특정한 주어를 지칭하여 당위성을 나타내고자 하는 경우에는 앞으로 배울 'tener que＋동사원형' 또는 'deber＋동사원형'을 사용합니다.

⊙ tener que, deber 88쪽

 단어

estudiar 공부하다
mucho 열심히, 많이
desayunar 아침식사를 하다
aprender 배우다
lengua extranjera 외국어
llegar a tiempo 제시간에 도착하다
respetar 공경하다, 존중하다
padres 부모님 남복

공부한 내용을 확인해 보세요!

❶ Hay _____ desayunar.　아침식사를 해야 한다.

❷ Hay que _____ a tiempo.　제시간에 도착해야 한다.

 정답

① que　② llegar

도전! 실전 회화

🎧 MP3 06-09 들어 보기　🎙 MP3 06-10 말해 보기

 José　Hay una caja en la sala de estar.

 Ana　¿Qué hay en la caja?①

 José　En la caja hay un regalo.②

 Ana　Ah, hoy es el cumpleaños de tu madre.

 회화Tip

① ¿Qué hay en la caja? 구문은 hay 동사를 사용하여 무엇이 있는지 질문하는 것으로 사물의 존재 자체를 강조할 때 hay 동사가 사용됩니다.

② En la caja hay un regalo에서는 hay 동사를 사용하여 사물의 존재를 나타내고 있습니다. 이때 부사구 표현은 생략하고 Hay un regalo(선물이 하나 있다)라고 표현해도 의미 전달상에는 아무런 문제가 없습니다.

호세	거실에 상자가 하나 있어.
아나	상자 안에 뭐가 있니?
호세	상자 안에 선물이 하나 있어.
아나	아, 오늘이 너희 어머니 생신이지.

단어

hay ~이 있다	caja 상자	en ~에
sala de estar 거실	regalo 선물	hoy 오늘
cumpleaños 생일 🔲	de ~의	madre 어머니 ⊚

기본 회화 연습

🎧 MP3 06-11 들어 보기   🎤 MP3 06-12 말해 보기

~이 있다 (단수 또는 복수) Hay ~

Hay un sombrero. 모자가 하나 있다.

Hay una pluma. 펜이 하나 있다.

Hay diez muchachos. 열 명의 소년들이 있다.

~이 있습니까? ¿Hay ~?

¿Hay un piano? 피아노가 한 대 있습니까?

¿Hay una silla? 의자가 하나 있습니까?

¿Hay música? 음악이 있습니까?

~을 해야 한다 Hay que + 동사원형

Hay que dormir bien. 잠을 잘 자야 한다.

Hay que bailar. 춤을 춰야 한다.

Hay que limpiar la casa. 집을 청소해야 한다.

단어

sombrero 모자	pluma 펜	diez 10, 열
muchacho 소년	piano 피아노	silla 의자
música 음악	dormir 자다	bailar 춤추다
limpiar 청소하다	celular 휴대폰 🔵	farmacia 약국
cerca de aquí 이 근처에, 가까이에	parque natural 자연 공원 🔵	en la escuela 학교에
bolsa 가방	centro 중심, 중앙	

1 밑줄 친 부분에 동사 hay나 estar를 써 넣으세요.

1   El celular _____ sobre la silla.

의자 위에 휴대폰이 있다.

2   ¿_____ una farmacia cerca de aquí?

근처에 약국이 있나요?

3   La pizza _____ en la caja.

피자가 상자 안에 있다.

4   En la tienda de ropa _____ 10 muchachos.

옷 가게에 열 명의 소년들이 있다.

2 다음 문장의 빈칸을 채우세요.

1   자연 공원이 하나 있다.

→ _____ un parque natural.

2   학교에 많은 학생들이 있다.

→ Hay muchos _____ en la escuela.

3   가방 안에 뭐가 있나요?

→ ¿_____ hay en la bolsa?

4   마드리드는 스페인의 중심에 위치하고 있다.

→ Madrid _____ en el centro de España.

Día 07
¿Adónde vas?

너 어디 가니?

월   일

MP3와 강의를 들어 보세요

¡Hola!

동영상 강의

본책

복습용 동영상

단어장

단어암기 동영상

1

¿Adónde vas?
너 어디 가니?

★ 동사 ir: 가다

'가다'라는 뜻을 가진 동사로 불규칙변화를 합니다.

yo	voy	nosotro(a)s	vamos
tú	vas	vosotro(a)s	vais
él/ella/usted	va	ellos/ellas/ustedes	van

★ 전치사 a: ~로

a는 방향을 나타내는 전치사로 '~로'라는 의미입니다. 영어의 to에 해당됩니다. 의문사 dónde(어디)와 함께 쓸 때에는 반드시 dónde 앞쪽에 위치하며 한 단어로 사용됩니다. 또한 이에 대해 답할 때에도 전치사 a를 사용합니다.

예 **A:** ¿Adónde va ella?　그녀는 어디에 가니?
　B: Ella va a la escuela.　그녀는 학교에 간다.

⊙ 의문대명사 dónde 47쪽

🎸 왕초보 탈출 팁

스페인어에서는 문장이 전치사로 끝나는 경우가 없습니다. 예를 들어 영어에서는 Where are you from?처럼 전치사로 끝나는 구문이 자연스럽지만 스페인어에서는 ¿De dónde eres?와 같이 의문사 앞에 전치사를 놓습니다.

 단어

adónde 어디로
ir 가다
escuela 학교
restaurante 식당 🔊

 공부한 내용을 확인해 보세요!

❶ ¿Adónde _____ ustedes?　당신들은 어디 가십니까?

❷ _____ al restaurante coreano.　우리는 한국 식당에 갑니다.

 정답
① van　② Vamos

2

Voy a la oficina para trabajar.

저는 일하러 사무실에 갑니다.

★ 전치사 para+동사원형: ~하기 위해서

para는 '~하기 위해서'라는 의미로 영어의 in order to에 해당합니다. 유용한 표현으로 일상 회화에서 활용도가 높습니다.

例 Comemos para vivir.　우리들은 살기 위해서 먹는다.

　　Sara compra una novela para leer.　사라는 독서를 위한 소설책 한 권을 산다.

⊙ 전치사 por와 para 185쪽

★ 주요 전치사 a, de, en, con, sin, desde

a	~에, ~으로 (방향, 목적지)	例 Ellos van a México. 그들은 멕시코에 간다.
de	~의 (근원, 재료, 소유자)	例 Soy de Corea. 나는 한국 출신이다.
en	~ 안에 (위치, 계절, 개월)	例 El libro de texto está en la habitación. 교과서는 방에 있다.
con	~과 함께 (동반)	例 Estudio con Sandra. 나는 산드라와 함께 공부한다.
sin	~ 없이 (부족, 결핍)	例 Tomo café sin leche. 나는 우유를 타지 않은 커피를 마신다.
desde	~부터, ~ 이래로 (시작점)	例 Vivimos en Corea desde el mes pasado. 우리는 지난달부터 한국에 산다.

 단어

oficina 사무실
para ~하기 위해서
trabajar 일하다
comer 먹다
vivir 살다
comprar 구매하다
novela 소설책
leer 읽다
México 멕시코
libro de texto 교과서
habitación 방 例
estudiar 공부하다
tomar 마시다
café 커피 例
leche 우유 例
el mes pasado 지난달

공부한 내용을 확인해 보세요!

❶ El libro _____ Julio está _____ la habitación.
훌리오의 책이 방에 있다.

❷ Voy a la escuela _____ _____.
저는 공부하러 학교에 갑니다.

 정답

① de, en　② para estudiar

🎧 **MP3** 07-05 들어 보기 🎤 **MP3** 07-06 말해 보기

3

¿Qué vas a comprar?
너는 뭘 살 거니?

★ **ir a+동사원형: ~할 것이다, ~할 예정이다**

ir a 다음에 명사가 나오면 그 장소로 간다는 의미가 되고, 동사원형이 나오면 영어의 be going to(~할 것이다)에 해당하는 미래시제가 됩니다. 스페인어에도 별도의 미래 시제가 있지만 이 구문을 활용하면 더욱 쉽게 미래시제를 표현할 수 있습니다.

 Voy a comprar una pluma y un cuaderno.
나는 펜 한 자루와 공책 한 권을 살 거야.

Voy a cantar una canción.
나는 노래를 부를 거야.

Juan y Elena van a limpiar la casa.
후안과 엘레나는 집을 청소할 거야.

 왕초보 탈출 팁

'ir a+동사원형'은 미래형 동사 변화를 하지 않아도 미래시제를 나타낼 수 있기 때문에 구어체에 서 많이 쓰이는 구문입니다.

단어

comprar 사다
pluma 펜
y ~와, 그리고
cuaderno 공책
cantar una canción 노래 를 부르다
limpiar 청소하다
casa 집

 공부한 내용을 확인해 보세요!

❶ ¿Qué _____ a comprar? 너는 뭘 살 거니?

❷ Yo _____ a comprar un cuaderno.
나는 공책 한 권을 살 거야.

 정답

① vas ② voy

78

4

¡Vamos a ir al hotel!

호텔로 갑시다!

★ Vamos a+동사원형: 우리 ~합시다

'Vamos a+동사원형'은 '우리 ~합시다'의 의미로 영어의 'Let's+동사원형'에 해
당합니다. 또한 앞에서 공부한 것처럼 'ir a+동사원형' 구문의 nosotros 형태로 사
용되기도 하는데, 이 경우 '우리는 ~할 것이다'라고 해석합니다.

📀 ¡Vamos a **comer tacos!** 타코를 먹읍시다!
　¡Vamos a **descansar!** 쉽시다!
　¡Vamos a **ir al museo!** 박물관에 갑시다!
　¡Vamos! 갑시다!

★ 전치사와 정관사의 축약형 al과 del

전치사와 정관사가 합쳐진 축약형입니다. al은 'a+el'이 합쳐진 형태이고 del은
'de+el'의 축약형입니다.

📀 ir al **museo** 박물관에 가다
　el libro del estudiante 학생의 책

 ¡Vamos!

청유문인 ¡Vamos!(갑시대)는 원
래 ¡Vamos a ir!라고 해 주어
야 문법적으로 맞는 표현이지만,
예외적으로 ¡Vamos!라고 합니
다. 간단하면서도 많이 쓰이는 유
용한 표현이니 꼭 외워 두세요.

 단어

a ~에, ~로
hotel 호텔 🔵
taco 타코(멕시코 음식)
descansar 쉬다
museo 박물관
de ~의
cocinar 요리하다

 공부한 내용을 확인해 보세요!

❶ ¡_____ a cocinar! 요리를 합시다!

❷ ¡Vamos a _____ a Madrid! 마드리드로 갑시다!

 정답

① Vamos　② ir

도전! 실전 회화

🎧 MP3 07-09 들어 보기   🎤 MP3 07-10 말해 보기

 José ¡Hola, Ana! ¿Adónde vas?

 Ana Voy al gimnasio. Y tú, ¿adónde vas?

 José Voy al parque de atracciones.

 Ana Hasta luego.

 José Chao.

 회화 Tip

Hasta luego는 '다음에 보자'라는 표현입니다. 이 외에 Hasta pronto(곧 보자), Hasta el sábado(토요일에 보자) 등을 사용할 수 있습니다.

호세	안녕, 아나! 어디 가니?
아나	나는 헬스장에 가. 너는 어디 가니?
호세	나는 놀이공원에 가.
아나	다음에 보자.
호세	안녕.

단어

gimnasio 헬스장	**parque de atracciones** 놀이공원 🔊	**sábado** 토요일
Chao 안녕, 잘 가		

기본 회화 연습

🎧 MP3 07-11 들어 보기　🎤 MP3 07-12 말해 보기

너는 어디 가니?　¿Adónde vas?

¿Adónde vas?　너는 어디 가니?

¿Adónde va Elena?　엘레나는 어디 가니?

¿Adónde van los profesores?　교수님들은 어디 가시니?

¿Adónde vais?　너희들은 어디 가니?

~에 …하러 간다　Ir a + 정관사 + 명사 + para + 동사원형

Él va a la oficina para trabajar.　그는 사무실에 일하러 갑니다.

Nosotros vamos al supermercado para comprar comida.　우리들은 음식을 사러 슈퍼마켓에 갑니다.

Ellos van a la biblioteca para estudiar.
그들은 공부하러 도서관에 갑니다.

~하자! / ~합시다!　¡Vamos a + 동사원형!

¡Vamos a bailar!　춤을 춥시다!

¡Vamos a ir al aeropuerto!　공항으로 갑시다!

¡Vamos a comer comida coreana!　한국 음식을 먹읍시다!

단어

para + 동사원형 ~하기 위해서	**oficina** 사무실	**trabajar** 일하다
supermercado 슈퍼마켓	**comprar** 사다	**comida** 음식
biblioteca 도서관	**estudiar** 공부하다	**aeropuerto** 공항
comida coreana 한국 음식	**fiesta de cumpleaños** 생일 파티	**cine** 영화관 남

1 다음 대화의 밑줄 친 부분에 들어갈 알맞은 단어를 적으세요.

1 A: **¿Adónde va Sandra?** 산드라는 어디 가니?

   B: **Ella _____ a la fiesta de cumpleaños.** 그녀는 생일 파티에 가.

2 A: **¿Qué vas a comprar?** 넌 무엇을 살 거니?

   B: **_____ a comprar comida coreana.** 나는 한국 음식을 살 거야.

3 A: **¿Qué vamos a hacer?** 우리 뭐 할까?

   B: **¡_____ a ir al cine!** 영화관에 가자!

2 다음 문장을 완성하세요.

1 공부합시다!

   → **¡Vamos a _____!**

2 스페인어로 말합시다!

   → **¡ _____ a hablar en español.**

3 나는 쿠바에 갈 것이다.

   → **Voy a _____ a Cuba.**

4 그들은 공항으로 갈 겁니다.

   → **Ellos _____ a ir al aeropuerto.**

Día 08

Tengo un hermano.

나는 형제가 한 명 있어.

월   일

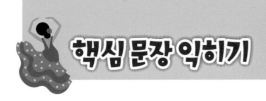

핵심 문장 익히기

 MP3 08-01 들어 보기   **MP3** 08-02 말해 보기

1

¿Cuántos hermanos tienes?
너는 형제가 몇 명이니?

★ 의문사 cuánto: 얼마나 많은

cuánto는 영어의 how much, how many와 같이 '얼마나 많은'이라는 뜻의 의문사입니다. 수량이나 정도, 값을 나타낼 때 사용됩니다.

例 **A:** ¿Cuántos celulares hay en la mesa?   테이블에 몇 개의 휴대폰이 있습니까?
   B: Hay tres.   세 개가 있습니다.

★ 불규칙동사 tener: 가지다

tener는 '가지다', '소유하다'라는 뜻으로, 영어의 have와 유사합니다. 스페인어에서 매우 유용하게 쓸 수 있는 주요 동사 중 하나이니 잘 외워 두세요.

yo	tengo	nosotro(a)s	tenemos
tú	tienes	vosotro(a)s	tenéis
él/ella/usted	tiene	ellos/ellas/ustedes	tienen

例 Tengo un hermano.   저는 형제가 한 명 있어요.
   Tenemos un perro grande.   우리들은 큰 개를 한 마리 갖고 있다.
   Elena tiene muchas preguntas.   엘레나는 질문이 많다.
→ 1인칭 단수형이 –go로 끝나는 불규칙동사 180쪽

 왕초보 탈출 팁

의문사 cuánto는 바로 뒤에 나오는 명사의 성, 수를 고려하여 cuánto/cuánta/cuántos/cuántas와 같이 형태를 일치시켜 줍니다.

단어

hermano 형제
celular 휴대폰
perro 개
grande 큰, 거대한
pregunta 질문

공부한 내용을 확인해 보세요!

❶ ¿_____ hermanos?   너희들은 형제들이 있니?

❷ _____ dos hermanos.   나는 형제들이 두 명 있어.

 정답

① Tenéis   ② Tengo

2

Tengo dolor de estómago.

나는 배가 아파.

★ tener를 활용한 관용 표현

영어에서는 '춥다', '덥다', '목마르다' 등을 'be 동사+형용사'로 표현하는 반면 스페인어에서는 **tener**를 사용하여 표현합니다. tener 다음에 명사를 붙여서 '덥다', '춥다', '목마르다', '무섭다' 등 다양한 표현을 만들 수 있습니다. 자주 쓰이는 구문이니 잘 익혀 두세요.

예　Tengo calor.　나는 더워.

　　Tengo mucho frío.　나는 정말 추워.

　　Tengo sed.　나는 목말라.

　　Tengo sueño.　나는 졸려.

　　Tengo miedo.　나는 무서워.

　　Tengo suerte.　나는 운이 좋아.

　　Tengo prisa.　나는 바빠.

　　Tengo dolor de cabeza.　나는 머리가 아파.

　　Tengo 10 años.　나는 열 살이야.

 왕초보 탈출 팁

sueño의 경우 '졸음'이라는 의미와 '꿈'이라는 의미가 있습니다. 따라서 '나는 꿈이 있습니다'라고 말할 때에는 부정관사를 붙여서 Tengo un sueño라고 표현해 주면 됩니다.

🎸 **단어**

dolor 고통 (남)
estómago 위
calor 더위 (남)
frío 추위
sed 갈증 (여)
sueño 졸음, 잠, 꿈
miedo 두려움
suerte 행운 (여)
prisa 서두름
cabeza 머리
año 해, 년

 **공부한 내용을 확인해 보세요!**

❶ _____ mucho frío.　나는 너무 추워.

❷ Isabel _____ 20 años.　이사벨은 스무 살이다.

 정답

① Tengo　② tiene

핵심 문장 익히기

🎧 **MP3** 08-05 들어 보기   🎤 **MP3** 08-06 말해 보기

3

Tengo que ver la película.

나는 그 영화를 봐야 해.

⭐ **tener que + 동사원형: ~해야 한다**

tener que 다음에 동사원형을 붙이면 '~해야 한다'는 당위성을 나타내는 표현이 됩니다.

- Tienes que limpiar la casa.
  너는 집 청소를 해야 해.

  Tenemos que estudiar mucho.
  우리들은 공부를 열심히 해야 한다.

  Tengo que comprar una camisa.
  나는 셔츠를 사야 한다.

⭐ **deber + 동사원형: ~해야 한다**

tener que와 유사하게 당위성을 나타내는 표현으로는 deber 동사가 있습니다.

- Debo estar en casa.
  나는 집에 있어야 한다.

  Debes ir al parque.
  너는 공원에 가야 한다.

  Debemos llegar a tiempo.
  우리들은 제시간에 도착해야 한다.

🕵 왕초보 탈출 팁

당위성을 나타내는 표현 중에서 특정한 인칭을 지칭할 필요가 없을 때에는 'hay que + 동사원형'의 구문을 사용합니다.

- Hay que estudiar mucho.
  공부를 열심히 해야 한다.
  ➡ hay que 구문 69쪽

 단어

ver 보다
película 영화
limpiar 청소하다
comprar 사다
camisa 셔츠
parque 공원 🅼
llegar a tiempo 제시간에 도착하다
preparar 준비하다
comida 음식

🎸 **공부한 내용을 확인해 보세요!**

❶ Ustedes tienen _____ preparar la comida.
당신들은 음식을 준비해야 한다.

❷ Elmer _____ limpiar la casa. 엘메르는 집을 청소해야 한다.

 정답
① que ② debe

4

Conozco un buen restaurante.

나는 좋은 레스토랑 하나를 알고 있어.

★ 불규칙동사 conocer: 알다

사람이나 장소의 특성, 성질을 안다고 표현할 때에는 conocer 동사를 사용합니다.

yo	conozco	nosotro(a)s	conocemos
tú	conoces	vosotro(a)s	conocéis
él/ella/usted	conoce	ellos/ellas/ustedes	conocen

예 Conozco México.
나는 멕시코를 안다. (=나는 멕시코에 가 본 적이 있다.)

Juan me conoce bien.
후안은 나를 잘 안다.

★ 불규칙동사 saber: 알다

객관적인 사실이나 정보, 방법 등을 안다고 말할 때에는 saber 동사를 사용합니다.

yo	sé	nosotro(a)s	sabemos
tú	sabes	vosotro(a)s	sabéis
él/ella/usted	sabe	ellos/ellas/ustedes	saben

예 Juan sabe la dirección de la empresa.
후안은 그 회사 주소를 안다.

¿Sabes dónde viven ellos?
그들이 어디 사는지 아니?

왕초보 탈출 팁

saber 다음에 동사원형을 붙이면 '~할 줄 안다'라는 표현을 만들 수 있습니다.

예 Sé bailar.
나는 춤출 줄 안다.

Sabemos esquiar.
우리는 스키를 탈 줄 안다.

단어

bueno 좋은
restaurante 레스토랑 🔵
me 나를(직접목적격 대명사)
dirección 주소, 방향 🔴
empresa 회사
cantar 노래하다
bailar 춤추다
esquiar 스키를 타다

공부한 내용을 확인해 보세요!

❶ No _____ cantar.　나는 노래할 줄 모른다.

❷ _____ bien este restaurante.　그들은 이 레스토랑을 잘 안다.

정답

① sé　② Conocen

도전! 실전 회화

🎧 **MP3 08-09** 들어 보기 🎤 **MP3 08-10** 말해 보기

José ¿Sabes dónde está el restaurante Don Quijote?

Ana Sí, aquí tienes su dirección.

José Gracias.
Si❶ tienes tiempo, vamos a comer juntos.❷

Ana ¡Qué bien! Vamos.

❶ 스페인어에서 단순 가정은 'si+직설법 현재구문'으로 표현할 수 있습니다. 즉, 현재나 미래 상황에 대한 단순한 가정을 나타냅니다.

예 Si tengo dinero, voy a viajar por España. 나는 돈이 있으면, 스페인 여행을 할 거야.

❷ 스페인어로 junto(a)s는 주로 복수형으로 사용되어 '함께'라는 의미입니다. 동사 뒤에 붙여서 다양한 표현을 만들수 있습니다.

예 Juan y Felipe trabajan juntos. 후안과 펠리페는 함께 일한다.
Elena y Josefina estudian juntas. 엘레나와 호세피나는 같이 공부한다.

호세	돈키호테 레스토랑이 어디 있는지 아니?
아나	응, 여기 주소가 있어.
호세	고마워. 시간 되면 같이 밥 먹자.
아나	좋아! 가자.

단어

saber 알다
dirección 주소, 방향 (여)
comer 먹다, 식사하다
Vamos 가자
restaurante 레스토랑, 식당 (남)
si 만약 ~라면
junto(a)s 함께
Aquí tienes 여기 있어
tener tiempo 시간이 있다
¡Qué bien! 좋아!

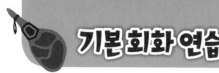

~을 가지고 있다 tener ~

Tenemos un libro francés. 우리는 프랑스어 책 한 권을 갖고 있다.

Ellos tienen muchos hijos. 그들은 자녀들이 많다.

Julio tiene una computadora blanca.

훌리오는 흰색 컴퓨터를 가지고 있다.

~을 해야만 한다 tener que + 동사원형

Tú tienes que comer mucho. 너는 많이 먹어야 한다.

Tengo que esperar 10 minutos. 나는 10분을 기다려야 한다.

Ellos tienen que cuidar a los niños.

그들은 아이들을 돌보아야 한다.

~을 할 줄 안다 saber + 동사원형

Sabemos bailar y cantar. 우리는 춤추고 노래할 줄 안다.

Usted sabe enseñar historia. 당신은 역사를 가르칠 줄 안다.

Ellos saben tocar el piano. 그들은 피아노를 칠 줄 안다.

단어

francés 프랑스의, 프랑스어의	hijos 자녀들	computadora 컴퓨터
blanco 흰, 흰색	esperar 기다리다	minuto 분
cuidar 돌보다	niño 소년, 어린이	bailar 춤추다
cantar 노래하다	enseñar 가르치다	historia 역사, 이야기
tocar el piano 피아노를 치다	dinero 돈	preparar 준비하다
comida 음식	pariente 친척 남 여	

1 밑줄 친 부분에 들어갈 알맞은 동사를 적으세요.

1　A: **¿Cuántos años tiene tu hijo?**　너의 아들은 몇 살이니?

　　B: _____ **5 años.**　내 아들은 다섯 살이야.

2　A: **¿Tienes mucho dinero?**　너는 돈이 많이 있니?

　　B: **No,** _____ **dinero.**　아니, 나는 돈이 없어.

3　A: **¿Qué** _____ **que preparar?**　저는 뭘 준비해야 하죠?

　　B: **Tienes que preparar la comida.**　너는 음식을 준비해야 해.

2 빈칸에 들어갈 알맞은 말을 고르세요.

1　**Juan** _____ **un coche blanco.**　후안은 흰색 차를 가지고 있다.

　　① tengo　　　② tenemos　　　③ tiene　　　④ tienen

2　**Vosotros no** _____ **parientes.**　너희들은 친척이 없다.

　　① tenéis　　　② tenemos　　　③ tiene　　　④ tienen

3　**Pilar** _____ **Madrid.**　필라르는 마드리드에 가 본 적이 있다.

　　① sabe　　　② sabes　　　③ conozco　　　④ conoce

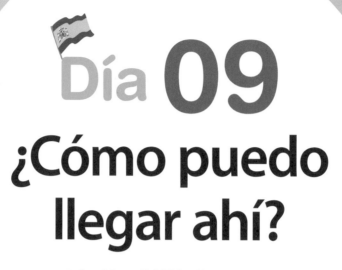

Día 09

¿Cómo puedo llegar ahí?

거기는 어떻게 가죠?

월   일

MP3와 강의를 들어 보세요

 공부 순서

동영상 강의

☐ ☐ ☐

본책
☐ ☐ ☐

복습용 동영상
☐ ☐ ☐

단어장
☐ ☐ ☐

단어암기 동영상
☐ ☐ ☐

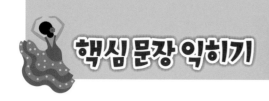

핵심 문장 익히기

1

¿Cómo puedo llegar ahí?

거기는 어떻게 가죠?

★ 어간의 모음 변화 **1** o → ue

스페인어에는 직설법 현재형에서 어간의 모음이 변화하는 동사들이 있습니다. 이 동사들은 불규칙동사들이지만 불규칙 안에 나름의 규칙을 가지고 변화하기 때문에 숨어 있는 규칙을 이해하면 암기하기가 수월해집니다. 예를 들어 poder(~할 수 있다)는 o가 ue로 변화하는 대표적인 동사입니다. 단, 어간변화 동사는 1인칭 복수(nosotro(a)s)와 2인칭 복수(vosotro(a)s)에서는 어간의 모음이 변화하지 않는다는 점에 유의하세요.

★ poder: ~할 수 있다

yo	puedo	nosotro(a)s	podemos
tú	puedes	vosotro(a)s	podéis
él/ella/usted	puede	ellos/ellas/ustedes	pueden

📝 ¿Puedes tocar la guitarra? 너는 기타를 칠 줄 아니?

★ o → ue 어간 모음 변화 동사

contar 세다, 말하다　　　　**almorzar** 점심식사를 하다
dormir 자다　　　　　　　**costar** 비용이 들다
volver 돌아오다　　　　　　**devolver** 반환하다
morir 죽다

📝 Duermo siete horas al día. 나는 하루에 일곱 시간을 잔다.

 공부한 내용을 확인해 보세요!

❶ **Los hombres _____.** 사람들은 죽는다.

❷ **La bolsa _____ 50 dólares.** 그 가방은 50달러이다.

 왕초보 탈출 팁

영어에서와 마찬가지로 스페인어도 두 개의 동사가 연달아 나오는 경우 뒤에 나오는 동사는 동사원형으로 씁니다.

📝 ¿Sabes cocinar?
너 요리할 줄 아니?

 단어

llegar 도착하다
ahí 거기, 그곳에
tocar la guitarra 기타를 치다
siete 7, 일곱
hora 시간
al día 하루에
hombre 사람, 남자(성인) ♂
bolsa 가방
dólar 달러
saber 알다
cocinar 요리하다

 정답
① mueren ② cuesta

96

2

¿A qué hora empieza la película?

영화는 몇 시에 시작합니까?

⭐ 어간의 모음 변화 **2** e → ie

empezar(시작하다)는 어간의 모음 e가 ie로 변하는 동사입니다. 단, 1인칭 복수
(nosotro(a)s)와 2인칭 복수(vosotro(a)s)에서는 어간의 모음이 변화하지 않습니다.

yo	empiezo	nosotro(a)s	empezamos
tú	empiezas	vosotro(a)s	empezáis
él/ella/usted	empieza	ellos/ellas/ustedes	empiezan

💬 La clase empieza a las 3.　수업은 세 시에 시작한다.

⭐ e → ie 어간 모음 변화 동사

cerrar 닫다	**pensar** 생각하다
entender 이해하다	**querer** 원하다, 사랑하다
encender 켜다	**preferir** ~을 더 좋아하다
mentir 거짓말하다	**sentir** 느끼다, 유감이다

💬 Ya te entiendo.　이제 너를 이해하겠어.
　　Te quiero mucho.　나는 너를 정말 사랑해.

 왕초보 탈출 팁

te는 '너를'이라는 의미의 직접목
적격 대명사로 일반적으로 동사
앞에 위치합니다.

 단어

empezar 시작하다
película 영화
clase 수업 💬
ya 이제는, 이미
te 너를, 너에게
mucho 많이, 많은
luz 빛, 불 🔵
café 커피 🟤

　공부한 내용을 확인해 보세요!

❶ Elmer _____ la luz.　엘메르는 불을 켠다.

❷ Yo _____ el café.　나는 커피를 더 좋아한다.

정답
① enciende　② prefiero

🎧 **MP3 09-05 들어 보기**   🎤 **MP3 09-06 말해 보기**

3

Ellos piden más torta.
그들은 케이크를 더 주문한다.

★ 어간의 모음 변화 ❸ e → i

pedir(주문하다, 부탁하다)는 어간의 모음 e가 i로 변하는 동사입니다. 단, 1인칭 복수
(nosotro(a)s)와 2인칭 복수(vosotro(a)s)에서는 어간의 모음이 변화하지 않습니다.

yo	pido	nosotro(a)s	pedimos
tú	pides	vosotro(a)s	pedís
él/ella/usted	pide	ellos/ellas/ustedes	piden

🗣 Pido una ensalada. 나는 샐러드를 주문한다.

★ e → i 어간 모음 변화 동사

despedir 작별하다	medir 재다
seguir 계속하다	servir 봉사하다
repetir 반복하다	elegir 선발하다, 고르다
corregir 교정하다, 고치다	vestir 옷을 입히다

🗣 Manuel repite las palabras. 마누엘은 말을 되풀이한다.
  Julia viste a su hijo. 훌리아는 아들에게 옷을 입힌다.

 왕초보 탈출 팁

corregir와 elegir는 동사원형
의 [ㅎ] 발음을 유지하기 위해서
1인칭 단수형이 각각 corrijo와
elijo로 변형됩니다.

 단어

pedir 주문하다, 부탁하다
más ~ 이상, 더 많은
torta 케이크
ensalada 샐러드
palabra 말, 단어
su 그의, 그녀의, 당신의
hijo 아들

 공부한 내용을 확인해 보세요!

❶ Ella _____ una ensalada. 그녀는 샐러드를 주문한다.

❷ Tengo que _____ un libro. 나는 책 한 권을 골라야 한다.

 정답
① pide ② elegir

4

Josefina cierra la puerta rápidamente.

호세피나는 문을 빨리 닫는다.

★ '형용사+mente' 형태의 부사

스페인어에서는 형용사 뒤에 mente를 붙이면 부사가 됩니다. 이때 o로 끝나는 형용사는 a로 바꾸고 mente를 붙여 줍니다.

lento 느린	**lent**amente 천천히, 느리게
rápido 빠른	**rápid**amente 빨리, 빠르게
general 일반적인	**general**mente 일반적으로
amable 친절한	**amable**mente 친절하게
particular 특별한	**particular**mente 특별하게
principal 주요한	**principal**mente 주요하게

💬 Los coreanos comen arroz generalmente.
한국인들은 일반적으로 밥을 먹는다.

Ellos hablan amablemente.
그들은 친절하게 말한다.

★ 'con+추상명사' 형태의 부사

con은 '~와 함께'라는 뜻의 전치사입니다. con 뒤에 추상명사를 쓰면 부사처럼 쓸 수 있습니다.

추상명사	con+추상명사	같은 의미의 부사
frecuencia 빈번, 빈도	con **frecuencia** 자주	frecuentemente
rapidez 신속함, 빠름	con **rapidez** 빨리	rápidamente
alegría 기쁨, 즐거움	con **alegría** 기쁘게	alegremente
facilidad 손쉬움, 용이함	con **facilidad** 쉽게	fácilmente

💬 Juan va a ese restaurante con frecuencia.
후안은 그 레스토랑에 자주 간다.

Ellos bailan con alegría.
그들은 즐겁게 춤을 춘다.

 단어

cerrar 닫다
puerta 문
comer 먹다
arroz 밥, 쌀 🍚
hablar 말하다
bailar 춤추다

도전! 실전 회화

🎧 MP3 09-09 들어 보기　🎤 MP3 09-10 말해 보기

Empleado
Buenas tardes. ¿Qué desea usted?

Ana
Buenas tardes.
Quiero comprar un vestido.
¿Cuánto cuesta este vestido?❶

Empleado
Cuesta cincuenta euros.

Ana
¿Puedo pagar con tarjeta de crédito?❷

Empleado
Por supuesto.

회화 Tip

❶ '얼마예요?'라는 표현으로는 ¿Cuánto es?도 있습니다. 영어의 How much is it?에 해당하는 표현입니다.

❷ 현금으로 결제하고자 할 때에는 ¿Puedo pagar en efectivo?(현금으로 지불할 수 있나요?)라고 질문합니다.

점원	안녕하세요(오후 인사), 무엇을 도와드릴까요?
아나	안녕하세요(오후 인사). 원피스를 사려고 합니다. 이 원피스는 얼마죠?
점원	50유로입니다.
아나	신용카드로 결제할 수 있나요?
점원	물론입니다.

단어

desear 원하다	**comprar** 사다, 구매하다	**vestido** 원피스
cuánto 얼마	**costar** 비용이 들다	**euro** 유로
pagar 지불하다, 결제하다	**con** ~와 함께	**tarjeta de crédito** 신용카드
por supuesto 물론	**en efectivo** 현금으로	

기본 회화 연습

🎧 MP3 09-11 들어 보기　🎤 MP3 09-12 말해 보기

~을 할 수 있다 poder + 동사원형

Puedes hablar español. 너는 스페인어를 할 줄 안다.

Puedes escribir una novela. 너는 소설을 한 권 쓸 수 있다.

Puedes cantar una canción. 너는 노래를 한 곡 부를 수 있다.

~을 더 좋아하다 preferir + 명사

Prefiero el café. 나는 커피를 더 좋아한다.

Prefiero la fruta. 나는 과일을 더 좋아한다.

Prefiero la música coreana. 나는 한국 음악을 더 좋아한다.

~을 주문하다 pedir + 명사

Él pide una hamburguesa de queso. 그는 치즈버거를 주문한다.

Él pide una sopa de verduras. 그는 야채 수프를 주문한다.

Él pide una ensalada. 그는 샐러드를 주문한다.

단어

escribir 쓰다	novela 소설	cantar una canción 노래를 부르다
café 커피, 커피숍 남	fruta 과일	hamburguesa de queso 치즈버거
sopa de verduras 야채 수프	ensalada 샐러드	puerta 문
pollo frito 후라이드 치킨	entrar 들어가다, 들어오다	al día 하루에

1 밑줄 친 부분에 들어갈 알맞은 동사 변화를 써 넣으세요.

1 Sara no ＿＿＿＿＿＿(cerrar) la puerta.

사라는 문을 닫지 않는다.

2 ¿Cuándo ＿＿＿＿＿＿(volver) usted a casa?

당신은 언제 집에 돌아갑니까?

3 Yo ＿＿＿＿＿＿(pedir) una hamburguesa de queso.

나는 치즈버거 하나를 주문한다.

2 다음 질문에 맞는 답변이 되도록 빈칸을 채우세요.

1 ¿Qué quieres comer? 너는 뭘 먹고 싶니?

→ ＿＿＿＿＿＿ comer pollo frito. 나는 후라이드 치킨을 먹고 싶어.

2 ¿Puedo entrar? 제가 들어가도 되나요?

→ Sí, ＿＿＿＿＿＿ entrar. 네, 들어오셔도 됩니다.

3 ¿Cuántas horas duermes al día? 너는 하루에 몇 시간 자니?

→ ＿＿＿＿＿＿ 8 horas al día. 나는 하루에 8시간 자.

정답
1 1. cierra 2. vuelve 3. pido
2 1. Quiero 2. puede 3. Duermo

Día 10

¿Cómo te llamas?

이름이 뭐니?

월   일

MP3와 강의를 들어 보세요

 공부 순시

 동영상 강의

 본책

 복습용 동영상

 단어장

 단어암기 동영상

핵심 문장 익히기

1

¿Cómo te llamas? 이름이 뭐니?

★ 재귀대명사

스페인어 재귀대명사는 다음과 같습니다.

me	나 자신	nos	우리들 자신
te	너 자신	os	너희들 자신
se	그 자신/그녀 자신/당신 자신	se	그들 자신/그녀들 자신/당신들 자신

★ 재귀동사

재귀동사는 동사원형에 se를 붙여서 표현하며, 재귀대명사 se는 주어의 인칭과 수에 따라 아래의 표와 같이 me, te, se, nos, os, se로 바뀝니다. 재귀동사란 말 그대로 행위가 자기 자신에게로 돌아오는 것을 의미합니다. 예컨대 llamar가 '부르다'라는 뜻이라면 llamarse는 '불리다', 즉 '이름이 ~이다'라는 뜻이 됩니다.

llamarse(이름이 ~이다) ◀ llamar(부르다)+재귀대명사 se

yo	me llamo	nosotro(a)s	nos llamamos
tú	te llamas	vosotro(a)s	os llamáis
él/ella/usted	se llama	ellos/ellas/ustedes	se llaman

예 Me llamo Alicia. 내 이름은 알리시아야.
　 No me levanto temprano. 나는 일찍 일어나지 않는다.

 왕초보 탈출 팁

재귀동사 다음에 신체 일부를 나타내는 표현을 사용할 때에는 정관사를 사용해 줍니다.

예 Me lavo las manos.
　 나는 손을 씻는다.
→ 재귀동사 183쪽

 단어

cómo 어떻게
levantarse 일어나다
temprano 일찍
lavarse 씻다
mano 손 예
cara 얼굴

🎸 공부한 내용을 확인해 보세요!

❶ Juan _____ _____ la cara. 후안은 세수를 한다.

❷ Elena y Pilar _____ _____ temprano.
엘레나와 필라르는 일찍 일어난다.

 정답
① se lava　② se levantan

2

Ellos lo compran. 그들은 그것을 산다.

★ 직접목적격 대명사

동사의 목적어가 되는 대명사에는 직접목적어(~을/를)와 간접목적어(~에게) 두 가지가 있습니다. 직접목적격 대명사는 일반적으로 동사의 바로 앞에 위치합니다.

me	나를	nos	우리를
te	너를	os	너희를
lo	그를/그것을/당신을	los	그들을/그것들을/당신들을
la	그녀를/그것을/당신을	las	그녀들을/그것들을/당신들을

 Juan tiene <u>el diccionario</u>. 후안은 그 사전을 가지고 있다.
→ Juan lo tiene. 후안은 그것을 가지고 있다.

Elena toma <u>las vitaminas</u>. 엘레나는 비타민을 먹는다.
→ Elena las toma. 엘레나는 그것들을 먹는다.

Mis padres miran <u>la televisión</u>. 나의 부모님은 TV를 보신다.
→ Mis padres la miran. 나의 부모님은 그것을 보신다.

 왕초보 탈출 팁

목적어가 명사인 경우 일반적으로 목적어를 동사 뒤에 붙여 주며, 이것을 대명사로 만들었을 때는 동사 앞에 놓습니다.

단어

diccionario 사전
tomar 먹다, 잡다
vitamina 비타민
padres 부모 🔵🔴
mirar la televisión TV를 보다
recibir 받다
invitar 초대하다

공부한 내용을 확인해 보세요!

❶ Julia tiene una flor. Juan _____ recibe.
훌리아는 꽃 한 송이를 갖고 있다. 후안은 그것을 받는다.

❷ Hay muchos niños en la calle. Esteban _____
invita a la fiesta.
거리에 많은 아이들이 있다. 에스테반은 그들을 파티에 초대한다.

 정답
① la　② los

 MP3 10-05 들어 보기   🎤 **MP3** 10-06 말해 보기

3

Mi madre me prepara la cena.

어머니가 나에게 저녁을 준비해 주신다.

★ 간접목적격 대명사

'~에게'라는 뜻을 가진 간접목적격 대명사 역시 동사 바로 앞에 위치합니다.

me	나에게	nos	우리들에게
te	너에게	os	너희들에게
le	그에게/그녀에게/ 그것에게/당신에게	les	그들에게/그녀들에게/ 그것들에게/당신들에게

예 Ellos me escriben una carta.
그들은 나에게 편지를 쓴다.

El médico te da la medicina.
의사가 너에게 약을 준다.

Te doy este libro.
나는 너에게 이 책을 준다.

 왕초보 탈출 팁

중남미에서와는 달리 스페인에서는 남성을 지칭하는 직접목적어로 lo 대신 간접목적어 형태인 le를 더 자주 씁니다. 둘 다 의사소통 상에는 문제가 없으니 참고로 알아 두세요.

🎸 **단어**

preparar 준비하다
cena 저녁식사
carta 편지
médico 의사
dar 주다
medicina 약
explicar 설명하다
historia 역사
moderno 현대의, 현대적인
hermana menor 여동생

 공부한 내용을 확인해 보세요!

❶ El profesor _____ explica la historia moderna.
선생님은 우리에게 현대 역사에 대해서 설명하신다.

❷ ¿Qué _____ prepara tu hermana menor?
너의 여동생은 너에게 뭘 준비해 주니?

정답
① nos ② te

108

4

Josefina me lo compra.

호세피나는 나에게 그것을 사 준다.

⭐ 직접목적어와 간접목적어가 함께 쓰이는 문장

한 문장 안에 직접목적어와 간접목적어가 둘 다 있는 경우에는 간접목적어를 먼저 씁니다.

- Elena me regala dos libros. 엘레나는 나에게 두 권의 책을 선물한다.
  → Elena me los regala. 엘레나는 나에게 그것들을 선물한다.

  Te lo compro. 나는 그것을 너에게 사 준다.

  Ella te la escribe. 그녀는 너에게 그것을 써 준다.

⭐ 간접목적어와 직접목적어가 모두 3인칭인 문장

한 문장 안에 사용된 간접목적어와 직접목적어가 모두 3인칭인 경우에는 간접목적어 le와 les는 se로 바뀝니다.

- Se lo presto. 나는 그에게/그녀에게/당신에게 그것을 빌려준다.
  ❌ Le lo presto.

  Se la regalamos. 우리들은 그들에게/그녀들에게/당신들에게 그것을 선물합니다.
  ❌ Les la regalamos.

⭐ 간접목적어와 직접목적어가 함께 쓰이는 문장의 부정문

부정문의 경우 no는 목적격 대명사 앞에 씁니다.

- No se lo presto. 나는 그녀에게 그것을 빌려주지 않는다.

  No se la regalamos. 우리들은 당신들에게 그것을 선물하지 않습니다.

왕초보 탈출 팁

영어는 무성분이나 의분분을 만들 때 do, does와 같은 조동사가 필요한 경우가 있으나, 스페인어에서는 이러한 조동사가 필요 없습니다.

단어

comprar 사다
regalar 선물하다
escribir 쓰다, 적다
prestar 빌려주다

공부한 내용을 확인해 보세요!

❶ Yo _____ preparo la cena. 나는 그에게 저녁을 준비해 준다.

❷ Hay una computadora. Juan _____ _____ regala.
컴퓨터 한 대가 있다. 후안은 그들에게 그것을 선물한다.

정답

① le　② se la

도전! 실전 회화

José Hola, Felipe. Te presento a mi amiga[1].

Felipe Mucho gusto.

Ana Encantada.[2]

Felipe Me llamo Felipe. ¿Cómo te llamas?[3]

Ana Me llamo Ana.

 회화 Tip

[1] 스페인어에서 목적어가 사물이 아닌 사람일 경우에는 목적어 앞에 예외 없이 전치사 a를 넣어 줍니다.

　예 Invito a Juan.　나는 후안을 초대한다.

[2] 처음 만났을 때 말하는 사람이 남성인 경우 encantado, 여성인 경우 encantada를 사용합니다.

[3] '네 이름이 뭐니?'는 ¿Cuál es tu nombre?라고 표현할 수도 있습니다.

호세	안녕, 펠리페. 너에게 내 친구를 소개할게.
펠리페	만나서 반가워.
아나	만나서 반가워.
펠리페	내 이름은 펠리페야. 네 이름은 뭐니?
아나	내 이름은 아나야.

단어

presentar 소개하다
encantado/a 만나서 반갑습니다
nombre 이름

amiga 친구
invitar 초대하다

mucho gusto 만나서 반갑습니다
cuál 무엇, 어느

이름이 ~이다 llamarse ~

Me llamo Felipe. 제 이름은 펠리페입니다.

Él se llama Andrés. 그의 이름은 안드레스입니다.

Usted se llama Pablo. 당신의 이름은 파블로입니다.

나는 (나 자신에게) ~을 한다 Me + 재귀동사

Me lavo la cara todos los días. 나는 매일 세수를 한다.

Me afeito a veces. 나는 가끔 면도를 한다.

Me cepillo los dientes. 나는 이를 닦는다.

나는 ~을 안 한다 No me + 재귀동사

No me levanto temprano. 나는 일찍 일어나지 않는다.

No me lavo la cara. 나는 세수를 하지 않는다.

No me ducho por la mañana. 나는 아침에 샤워를 하지 않는다.

 단어

lavarse la cara 세수하다	todos los días 매일, 날마다	afeitarse 면도하다
a veces 가끔, 때때로	cepillarse los dientes 이를 닦다	ducharse 샤워를 하다
por la mañana 아침에	lavarse las manos 손을 씻다	

1 다음에 들어갈 알맞은 재귀대명사를 적으세요.

1 Amalia y Pilar _____ cepillan los dientes.

아말리아와 필라르는 양치질을 한다.

2 Tú _____ duchas todos los días. 너는 매일 샤워를 한다.

3 Yo _____ afeito a veces. 나는 가끔 면도를 한다.

4 No _____ levantamos temprano. 우리는 일찍 일어나지 않는다.

2 다음 문장의 빈칸을 채우세요.

1 나는 일찍 일어난다.

→ _____ levanto temprano.

2 네 이름은 뭐니?

→ ¿Cómo te _____ ?

3 내 이름은 아나야.

→ ____ _____ Ana.

4 호세는 손을 씻지 않는다.

→ José no ____ _____ las manos.

Día 11

Estoy tocando el piano.

나는 피아노를 치고 있어.

월   일

MP3와 강의를 들어 보세요

공부 순서

동영상 강의	본책	복습용 동영상

단어장	단어암기 동영상

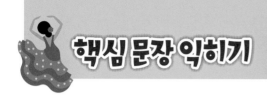

1

¿Qué estás haciendo ahora?

넌 지금 뭐 하고 있니?

★ 현재분사

스페인어에서 현재분사는 동사원형이 -ar로 끝나는 동사는 어간에 -ando를 붙이고, -er나 -ir로 끝나는 동사들은 -iendo를 붙여서 만들어 줍니다. 현재분사는 성, 수와 관계없이 항상 o로 끝나는 형태를 갖습니다.

예 Ella está hablando con Juan.
　그녀는 후안과 이야기하고 있다. (hablar 말하다)

　Julia y Josefina están corriendo.
　훌리아와 호세피나는 달리고 있다. (correr 달리다)

★ 현재진행형: estar 동사+현재분사

현재진행형은 estar 동사를 사용하여 만듭니다.

yo	estoy	
tú	estás	
él/ella/usted	está	hablando 말하다
nosotro(a)s	estamos	+ comiendo 먹다
vosotro(a)s	estáis	viviendo 살다
ellos/ellas/ustedes	están	

예 Ellos están cantando y bailando.
　그들은 춤추고 노래하고 있다.

　Marga está hablando con Elena.
　마르가는 엘레나와 이야기하고 있다.

 공부한 내용을 확인해 보세요!

❶ Sara está _____ el piano.　사라는 피아노를 치고 있다.

❷ ¿Qué están _____ ellos?　그들은 뭘 하고 있니?

 왕초보 탈출 팁

재귀동사 구문에서 재귀대명사 (me, te, se, nos, os, se)는 estar 동사 앞에 위치하거나 현재분사 뒤에 붙여 줍니다. 현재분사 뒤에 붙여 쓰는 경우 음절 수 변화로 인해 강세의 위치가 변경되므로, 재귀대명사를 붙이기 전 동사의 원래 강세 위치에 악센트를 붙여 줍니다.

예 Yo me estoy duchando.
　= Yo estoy duchándome.
　나는 샤워하는 중이다.

 단어

hacer 하다, 만들다
ahora 지금
correr 달리다
tocar el piano 피아노 치다
ducharse 샤워하다

 정답
① tocando　② haciendo

2

Estoy estudiando la cultura mexicana.

나는 멕시코 문화를 공부하고 있어.

★ 불규칙 형태의 현재분사

-ar, -er, -ir 동사의 어간에 -ando 혹은 -iendo를 붙여서 현재분사를 만드는 규칙
동사들 이외에, 다음과 같이 불규칙하게 변화하는 현재분사 형태들도 있습니다.

1. 어간이 변하는 동사들

decir 말하다 → **diciendo**	**sentir** 느끼다 → **sintiendo**
venir 오다 → **viniendo**	**pedir** 요구하다, 주문하다 → **pidiendo**
repetir 반복하다 → **repitiendo**	**dormir** 자다 → **durmiendo**
morir 죽다 → **muriendo**	

2. 어간이 모음으로 끝나는 동사들 (iendo → yendo)

ir 가다 → **yendo**	**leer** 읽다 → **leyendo**
creer 믿다, 생각하다 → **creyendo**	**oír** 듣다 → **oyendo**
traer 가져오다 → **trayendo**	**caer** 떨어지다 → **cayendo**
huir 도망치다 → **huyendo**	**construir** 건축하다 → **construyendo**

★ 동시동작을 나타내는 현재분사

두 가지 이상의 동사들을 사용해서 동시에 일어나는 상황 및 행동을 묘사할 때에는 하
나의 동사만 동사변형을 해 주고 나머지는 현재분사를 만들어 덧붙여 줍니다.

예 Sara charla con ella comiendo paella.
사라는 빠에야를 먹으면서 그녀와 이야기하고 있다.

Ellos bailan cantando una canción.
그들은 노래를 부르면서 춤을 춘다.

 단어

estudiar 공부하다
cultura mexicana 멕시코
문화
charlar 이야기하다, 말하다
con ~와 함께
paella 빠에야(스페인 음식)
cantar una canción 노래
하다
esquiar 스키를 타다
hablar por teléfono 통화
하다
escuchar 듣다

> **공부한 내용을 확인해 보세요!**
>
> ❶ Estamos _____ ahora. 우리는 지금 스키를 타고 있다.
>
> ❷ Teresa _____ por teléfono escuchando música.
> 테레사는 음악을 들으며 통화를 한다.

 정답

① esquiando ② habla

🎧 MP3 11-05 들어 보기　🎤 MP3 11-06 말해 보기

3

Marisa es mi vieja amiga. 마리사는 나의 오랜 친구야.

⭐ 위치에 따라 의미가 달라지는 형용사

명사의 앞에 올 때와 뒤에 올 때 의미가 달라지는 형용사가 있습니다.

예
un amigo viejo 늙은 친구
un viejo amigo 오랜 친구

un hombre pobre 가난한 남자
un pobre hombre 불쌍한 남자

⭐ 형용사의 어미 탈락

남성 단수 명사 앞에서 -o, -to, -de가 탈락되는 형용사들은 다음과 같습니다.

uno 하나의	**bueno** 좋은	**malo** 나쁜
primero 첫 번째의	**tercero** 세 번째의	**alguno** 어떤
ninguno 어떤 ~도(~ 않다)	**santo** 성스러운	**grande** 위대한

예
un buen estudiante 좋은 학생
un mal estudiante 나쁜 학생
algún libro 어떤 책
San Diego 성 디에고
San Francisco 성 프란시스코

grande(위대한)는 남성 단수명사뿐만 아니라 여성 단수명사 앞에서도 -de가 탈락됩니다.

예
gran hombre 위대한 남자
gran mujer 위대한 여성

 왕초보 탈출 팁

grande는 명사 뒤에 오면 '큰', '나이가 많은'의 뜻이지만 명사 앞에 오면 '위대한'의 의미가 됩니다.

 단어

viejo 늙은, 오래된
hombre 남자, 사람 🔵
pobre 가난한, 불쌍한
mujer 여자 🔴
querer 원하다, 좋아하다
leer 읽다
interesante 흥미로운, 재미 있는

공부한 내용을 확인해 보세요!

❶ Carlos es un _____ estudiante. 카를로스는 좋은 학생이다.

❷ Quiero leer _____ libro interesante.
나는 어떤 재미있는 책을 읽고 싶다.

 정답
① buen ② algún

4

¡Qué bueno! 정말 좋아!

★ 스페인어의 감탄문

영어의 경우 명사는 what, 형용사는 how를 사용하여 감탄문을 만들지만, 스페인어는 Qué 뒤에 명사 혹은 형용사를 붙여서 간결하게 감탄문을 만들 수 있습니다.

1. ¡Qué+형용사!

예) ¡Qué interesante! 정말 흥미로워!
¡Qué guapo! 정말 잘생겼다!
¡Qué guapa! 정말 예쁘다!
¡Qué delicioso! 정말 맛있다!
¡Qué grande! 정말 크다!

2. ¡Qué+명사!

예) ¡Qué frío! 정말 춥다!
¡Qué calor! 정말 덥다!
¡Qué pena! 정말 안됐다!
¡Qué alegría! 정말 기쁘다!

🍳 왕초보 탈출 팁

스페인어로 감탄문을 만들 때에는 느낌표(¡, !)를 문장의 앞뒤에 각각 붙여 줍니다.

🎸 단어

bueno 좋은
guapo 잘생긴
guapa 예쁜
delicioso 맛있는
grande 큰
frío 추위
calor 더위 🔊
pena 고통
alegría 기쁨

공부한 내용을 확인해 보세요!

❶ ¡_____ calor! 정말 덥다!

❷ ¡Qué _____! 정말 크다!

정답
① Qué ② grande

 José Hola, amiga. ¿Qué estás haciendo?

 Ana Estoy comprando un vestido nuevo.

 José ¡Qué bonito!

 Ana ¿Qué estás buscando?

 José Solo estoy mirando.

 **회화 Tip**

vestido는 남성명사이기 때문에 ¡Qué bonito!와 같이 남성 형용사로 감탄문을 만들어 줍니다. 여성명사에 대해서 말할 때, 예를 들어 '치마(falda)가 예쁘다'라고 말할 때에는 ¡Qué bonita!와 같이 명사와 성을 일치시켜 줍니다.

호세	안녕, 친구. 뭐 하고 있니?
아나	새 원피스를 사고 있어.
호세	정말 예쁘다!
아나	너는 뭘 찾고 있니?
호세	그냥 둘러보는 중이야.

단어

vestido 원피스	**nuevo** 새로운	**bonito** 예쁜
buscar 찾다, 구하다	**solo** 단지, 오직	**mirar** 보다

기본 회화 연습

나는 ~을 하는 중이다 Estoy + 현재분사

Estoy comiendo **tacos.**　나는 타코를 먹고 있다.

Estoy bailando.　나는 춤을 추고 있다.

Estoy leyendo **la Biblia.**　나는 성경을 읽고 있다.

~을 하면서 …하다 일반동사 변화 + 현재분사

Vienen tomando **helado.**　그들은 아이스크림을 먹으면서 온다.

Juan trabaja escuchando **música.**　후안은 음악을 들으면서 일한다.

Descanso tomando **el sol.**　나는 일광욕을 하면서 쉰다.

뭘 ~하고 있니? ¿Qué estás + 현재분사?

¿Qué estás comiendo**?**　너는 뭘 먹고 있니?

¿Qué estás mirando**?**　너는 뭘 보고 있니?

¿Qué estás haciendo**?**　너는 뭘 하고 있니?

단어

taco 타코	Biblia 성경	helado 아이스크림
descansar 쉬다	tomar el sol 일광욕을 하다	

122

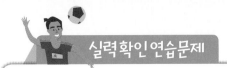

1 빈칸에 들어갈 알맞은 말을 적으세요.

1 A: **¿Qué estás haciendo?** 너는 뭘 하고 있니?

   B: **Estoy _____.** 나는 춤을 추고 있어.

2 A: **¿Qué están haciendo ellos?** 그들은 뭘 하고 있니?

   B: **Están _____ la cultura mexicana.** 그들은 멕시코 문화를 공부하고 있어.

3 A: **¿Qué estáis haciendo?** 너희들은 뭘 하고 있니?

   B: **Estamos _____ paella.** 우리들은 빠에야를 먹고 있어.

2 괄호 안의 단어를 활용하여 다음 문장의 빈칸을 채우세요.

1 알리시아는 피아노를 치고 있다.

   → **Alicia _____(estar) tocando el piano.**

2 호세는 텔레비전을 보고 있다.

   → **José está _____(ver) la televisión.**

3 아나는 음악을 들으며 책을 읽고 있다.

   → **Ana lee el libro _____(escuchar) música.**

Día 12

Hace buen tiempo.

날씨가 좋아.

월   일

MP3와 강의를 들어 보세요

공부 순서

동영상 강의

본책

복습용 동영상

단어장

단어암기 동영상

핵심 문장 익히기

🎧 MP3 12-01 들어 보기　🎤 MP3 12-02 말해 보기

1

A **¿Qué tiempo hace hoy?** 오늘 날씨 어때?
B **Hace buen tiempo.** 날씨가 좋아.

★ 날씨 표현

날씨 표현은 hacer 동사의 3인칭 단수 hace를 사용하여 'hace+날씨를 나타내는 명사'로 표현합니다. 이 표현은 비인칭 구문으로, 항상 hacer의 3인칭 단수형인 hace를 씁니다.

예) Hace **buen tiempo.** 날씨가 좋다.
　 Hace **mal tiempo.** 날씨가 나쁘다.
　 Hace **calor.** 날씨가 덥다.
　 Hace **viento.** 바람이 분다.
　 Hace **fresco.** 날씨가 서늘하다.

→ 형용사의 어미 탈락 118쪽

★ 계절별 날씨 표현

일상생활에서 자주 쓰이는 계절에 따른 날씨 표현들을 알아 두세요.

예) Hay cuatro estaciones en Corea. 한국에는 사계절이 있다.
　 En primavera hace buen tiempo. 봄에는 날씨가 좋다.
　 En verano llueve mucho. 여름에는 비가 많이 온다.
　 En otoño hace fresco. 가을에는 날씨가 선선하다.
　 En invierno nieva. 겨울에는 눈이 온다.

🎸 왕초보 탈출 팁

Hace frío, pero tengo calor (날씨는 추운데, 나는 더워)와 같이 일반적인 날씨와는 달리 개인이 느끼는 더위 및 추위를 표현할 때는 tener 동사를 사용합니다.

🎸 단어

tiempo 날씨, 시간
hoy 오늘
bueno 좋은
malo 나쁜
calor 더위, 열 (남)
viento 바람
fresco 시원함, 서늘함
estación 계절 (여)
primavera 봄
verano 여름
llover 비가 오다
otoño 가을
invierno 겨울
nevar 눈이 오다

🎸 공부한 내용을 확인해 보세요!

❶ _____ buen tiempo. 날씨가 좋다.

❷ Hace _____. 바람이 분다.

정답
① Hace ② viento

2

Está nublado.

날씨가 흐리다.

⭐ hace를 사용하지 않는 기타 날씨 표현

앞서 배운 날씨 표현 외에도 estar 동사와 hay 동사를 활용하여 날씨를 표현할 수 있습니다.

 Está **nublado**. 날씨가 흐리다.
  Está **despejado**. 날씨가 개었다.
  Hay **nube**. 구름이 끼었다.
  Hay **niebla**. 안개가 끼었다.

⭐ llover와 nevar로 날씨 표현하기

한편 '비가 온다', '눈이 온다'는 각각 llover, nevar 동사의 3인칭 단수형을 사용한다는 점에 유의하세요.

 Llueve. 비가 온다.
  Nieva. 눈이 내린다.

🍳 왕초보 탈출 팁

llover와 nevar는 각각 o → ue, e → ie로 바뀌는 어간변화 동사입니다.

🍳 왕초보 탈출 팁

현재진행형(estar 동사+현재분사)을 사용하여 날씨를 표현할 수도 있습니다. 이때에도 estar 동사는 3인칭 단수형(está)을 사용합니다.

Está **lloviendo**.
비가 오고 있다.

Está **nevando**.
눈이 내리고 있다.

🎸 **단어**

nublado 구름 낀, 흐린
despejado 맑게 개인
nube 구름 여
niebla 안개

 공부한 내용을 확인해 보세요!

❶ Hace _____ . 날씨가 덥다.

❷ ¿Qué _____ hace hoy? 오늘 날씨가 어떠니?

 정답

① calor ② tiempo

핵심 문장 익히기

 MP3 12-05 들어 보기   🎤 MP3 12-06 말해 보기

③

Hace un mes que estudio español.

스페인어 공부한 지 한 달 되었어.

★ hacer 동사를 활용한 시간의 흐름 표현

'hace+시간 표현+que+주어+동사' 구문은 '~한 지 …의 시간이 흘렀다'는 시간의 흐름을 표현합니다.

📝 Hace 5 años que vivo en Estados Unidos.
내가 미국에 산 지 5년이 되었다.

Hace 10 días que estoy a dieta.
내가 다이어트를 한 지 10일이 되었다.

Hace una hora que estoy aquí.
나는 한 시간 동안 여기 있었다.

★ qué와 que

스페인어에서는 동일한 단어이지만 악센트 유무에 따라서 다른 뜻을 갖는 표현들이 있습니다. 그중 대표적인 것이 바로 que와 qué입니다. qué는 '무엇', '무슨'이라는 뜻으로 영어의 what에 해당하고, que는 관계대명사로 영어의 that, who, which에 해당됩니다.

📝 ¿Qué es esto? 이것은 무엇입니까?
Tengo el libro que buscas. 나는 네가 찾고 있는 책을 갖고 있어.

 왕초보 탈출 팁

que 다음에 나오는 동사는 현재형을 사용해야 '지금까지 ~한다'라는 현재까지의 지속성을 나타낼 수 있습니다.

 단어

mes 달, 개월 🔵
año 해, 년
Estados Unidos 미국
día 날 🔵
estar a dieta 다이어트 하다
hora 시간
buscar 찾다, 검색하다
francés 프랑스어 🔵
París 파리

🎸 공부한 내용을 확인해 보세요!

❶ _____ 2 años que Elena estudia francés.
엘레나가 프랑스어를 배운 지 2년 되었다.

❷ Hace dos días _____ estoy en París.
내가 파리에 온 지 이틀 되었다.

정답
① Hace ② que

128

4

A **¿Qué fecha es hoy?** 오늘이 며칠이지?
B **Hoy es 7 de noviembre.** 오늘은 11월 7일이야.

★ 날짜 표현

'오늘이 며칠이지?'라는 질문에 대해서는 'Hoy es+일(기수)+de+월'의 형식으로
답변합니다. 일반적으로 날짜는 날/달/해의 순으로 표기합니다.

💬 **A:** ¿Qué fecha es hoy? 오늘이 며칠이지?
　　B: Hoy es 15 de agosto. 오늘은 8월 15일이야.

➡ 숫자 익히기 176쪽

★ 1월~12월

enero	1월	mayo	5월	septiembre	9월
febrero	2월	junio	6월	octubre	10월
marzo	3월	julio	7월	noviembre	11월
abril	4월	agosto	8월	diciembre	12월

★ 요일 표현

'오늘이 무슨 요일이지?'라고 물어볼 때에는 ¿Qué día es hoy?라고 합니다. '~요
일이야'라고 대답할 때에는 Hoy es 뒤에 요일을 붙여 말합니다.

💬 **A:** ¿Qué día es hoy? 오늘이 무슨 요일이지?
　　B: Hoy es lunes. 오늘은 월요일이야.

★ 요일

domingo	일요일	jueves	목요일
lunes	월요일	viernes	금요일
martes	화요일	sábado	토요일
miércoles	수요일		

🍳 **왕초보 탈출 팁**

1일의 경우에는 예외적으로 uno
대신 서수인 primero(첫 번째)를
사용합니다. 그리고 요일 및 월
표현은 대문자가 아닌 소문자로
표기함에 유의하세요.

➡ 서수 표현 177쪽

단어

fecha 날짜
hoy 오늘

🎧 MP3 12-09 들어 보기   🎤 MP3 12-10 말해 보기

 José Hoy hace buen tiempo.

 Ana Siempre hace sol en España.

 José ¿Qué fecha es hoy?❶

 Ana Hoy es 5 de septiembre.❷

 José Ah, entonces mañana es el cumpleaños de Josefina.

 **회화Tip**

❶ 날짜를 물어보는 다른 표현으로는 ¿Cuál es la fecha de hoy?(오늘의 날짜가 며칠이지?)가 있습니다.

❷ 일반적으로 요일과 날짜 앞에는 정관사를 쓰지 않으며, 생일 등 특정한 날을 지칭하는 경우에 정관사를 사용합니다. 예를 들어 '내 생일은 3월 10일이야'라고 말하고자 한다면 Mi cumpleaños es el diez de marzo라고 표현합니다. 이때 día가 남성명사이므로 남성형 정관사 el을 사용합니다.

호세	오늘 날씨가 좋다.
아나	스페인은 항상 날씨가 맑아.
호세	오늘이 며칠이지?
아나	오늘은 9월 5일이야.
호세	아, 그러면 내일이 호세피나의 생일이구나.

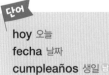

hoy 오늘	**siempre** 항상	**hace sol** 날씨가 맑다
fecha 날짜	**entonces** 그러면, 그렇다면	**mañana** 내일
cumpleaños 생일 m		

기본 회화 연습

🎧 MP3 12-11 들어 보기　🎤 MP3 12-12 말해 보기

날씨가 ~하다 Hace ~

Hace buen tiempo. 날씨가 좋다.

Hace mal tiempo. 날씨가 나쁘다.

Hace sol. 날씨가 맑다.

Hace viento. 바람이 분다.

오늘은 ~이다 Hoy es~

Hoy es lunes. 오늘은 월요일이다.

Hoy es 12 de abril. 오늘은 4월 12일이다.

Hoy es el cumpleaños de mi primo. 오늘은 내 사촌의 생일이다.

Hoy es un día especial. 오늘은 특별한 날이다.

~한지…의 시간이 흘렀다 Hace + 시간 표현 + que + 주어 + 동사

Hace 10 días que estudio italiano.
내가 이탈리아어를 공부한 지 10일이 되었다.

Hace una semana que leo la revista.
내가 그 잡지를 읽은 지 일주일이 되었다.

Hace un mes que viajo por España.
내가 스페인을 여행한 지 한 달이 되었다.

especial 특별한	**cumpleaños** 생일 남	**primo** 사촌
italiano 이탈리아어	**semana** 주, 주간	**revista** 잡지
viajar 여행하다		

1 다음 빈칸에 알맞은 동사 형태를 적으세요.

1 _____(hacer) **buen tiempo.**

날씨가 맑다.

2 **En verano** _____(llover) **mucho.**

여름에는 비가 많이 온다.

3 **Hace 2 meses que** _____(estudiar) **español.**

내가 스페인어를 공부한 지 두 달 되었다.

2 빈칸에 들어갈 알맞은 말을 넣으세요.

1 A: **¿Qué** _____ **es hoy?** 오늘이 며칠이지?

B: **Hoy es 15 de mayo.** 오늘은 5월 15일이야.

2 A: **Hace mucho calor.** 날씨가 아주 더워.

B: **Sí, pero yo** _____ **frío.** 맞아, 하지만 나는 추워.

3 A: **¿Vives en España?** 너는 스페인에 사니?

B: **Sí,** _____ **2 años que vivo en España.** 응, 스페인에 산 지 2년 되었어.

Día 13

Me gusta
la manzana.

나는 사과를 좋아해.

월   일

MP3와 강의를 들어 보세요

공부 순서

동영상 강의

☐ ☐ ☐

본책

☐ ☐ ☐

복습용 동영상

☐ ☐ ☐

단어장

☐ ☐ ☐

단어암기 동영상

☐ ☐ ☐

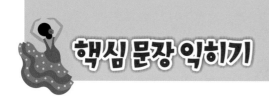

핵심 문장 익히기

🎧 MP3 13-01 들어 보기　🎤 MP3 13-02 말해 보기

1

Me gusta la manzana. 나는 사과를 좋아해.

⭐ **gustar 동사**

gustar 동사는 '~을 좋아하다'라는 뜻으로 영어의 like에 해당합니다. 직역하면 '기쁨을 주다', '즐거움을 주다'라는 의미이며 '~을 좋아한다'라고 자연스럽게 해석해 주면 됩니다.

 왕초보 탈출 팁

gustar 동사는 한국어에는 없는 구문으로 스페인어 초급자들에게는 혼란을 불러일으킬 수 있는 동사입니다. 어렵게 느껴진다면 구문 자체를 외워서 활용해 보세요.

gustar 동사 구문 1 Me gusta + 단수명사: 나는 ~을 좋아한다

아래의 구문과 같이 '간접목적격 대명사+gusta+단수명사'의 구조를 취하며 간접목적격 대명사가 의미상의 주어가 됩니다. 이러한 동사를 '역구조 동사'라고 부릅니다.

Me	**gusta**	**la manzana.**	
나에게	기쁨을 준다	사과가	나는 사과를 좋아한다.

맨 앞에 나오는 간접목적격 대명사를 바꾸어 'Te gusta+단수명사(너는 ~을 좋아한다)' 등의 형태로 표현할 수 있습니다.

예　Te gusta la manzana. 너는 사과를 좋아한다.
　　Le gusta la manzana. 당신은(그는, 그녀는) 사과를 좋아한다.

gustar 동사 구문 2 Me gustan + 복수명사: 나는 ~들을 좋아한다

좋아하는 대상이 복수일 경우에는 gustar 동사의 3인칭 복수형(gustan)과 복수명사를 사용합니다.

Me	**gustan**	**todas las frutas.**	
나에게	기쁨을 준다	모든 과일들이	나는 모든 과일을 좋아한다.

 단어

manzana 사과
todo 모든
fruta 과일

 공부한 내용을 확인해 보세요!

❶ Nos _____ todas las frutas.　우리들은 모든 과일을 좋아한다.

❷ _____ gusta la manzana.　그는 사과를 좋아한다.

정답

① gustan　② Le

2

Me gusta cantar. 나는 노래 부르기를 좋아한다.

---

gustar 동사 구문 3 ## Me gusta + 동사원형: 나는 ~하는 것을 좋아한다

Me	**gusta**	**bailar.**	나는 춤추는 것을 좋아한다.
나에게	기쁨을 준다	춤추는 것은	

Me gusta 다음에 동사원형을 사용하면 '~하는 것을 좋아한다'라는 의미가 되며, 여러 개의 동사가 나와도 3인칭 단수형인 gusta를 사용합니다.

📝 Me gusta nadar. 나는 수영하는 걸 좋아해.

　Me gusta nadar y tomar el sol. 나는 수영하고 일광욕하는 걸 좋아해.

★ gustar 동사를 활용한 의문문

예를 들어 Te gusta bailar(너는 춤추는 것을 좋아한다)를 의문문으로 바꾸고 싶으면 문장 앞뒤에 물음표를 붙이고 끝을 올려서 읽어 주면 됩니다.

📝 **A:** ¿Te gusta la cerveza? 너는 맥주를 좋아하니?

　B: No, no me gusta la cerveza. 아니, 나는 맥주를 안 좋아해.

 왕초보 탈출 팁

gustar 동사를 사용하여 부정 문을 만들기 위해서는 간접목적 격 대명사(me, te, le, nos, os, les) 앞에 no를 붙여 주면 됩니다.

📝 No me gusta el tomate.
　나는 토마토를 싫어한다.

 단어

cantar 노래하다
bailar 춤추다
nadar 수영하다
tomar el sol 일광욕하다
tomate 토마토 🍅
cerveza 맥주
viajar 여행하다

공부한 내용을 확인해 보세요!

❶ _____ gusta nadar. 나는 수영하는 걸 좋아해.

❷ ¿_____ gusta viajar? 너는 여행하는 걸 좋아하니?

 정답
① Me　② Te

🎧 MP3 13-05 들어 보기　　🎤 MP3 13-06 말해 보기

3

A mí me gusta el chocolate.
나는 초콜릿을 좋아해.

★ 전치격 인칭대명사

전치격 인칭대명사란 전치사 다음에 오는 인칭대명사를 말합니다. 형태를 살펴보면 yo와 tú를 제외한 나머지는 모두 주격 인칭대명사와 동일함을 확인할 수 있습니다.

주격 인칭대명사	전치격 인칭대명사
yo	mí
tú	ti
él/ella/usted	él/ella/usted
nosotro(a)s	nosotro(a)s
vosotro(a)s	vosotro(a)s
ellos/ellas/ustedes	ellos/ellas/ustedes

★ gustar 동사와 함께 쓰이는 전치격 인칭대명사

의미상의 주어, 즉 행위자를 강조하거나 분명히 하기 위해서 'a+전치격 인칭대명사' 또는 'a+고유명사'가 문장 앞에 위치하여 중복형으로 표현될 수도 있습니다.

 (A ti) te gusta el café. 너는 커피를 좋아한다.
(A Juan) le gusta el café. 후안은 커피를 좋아한다.

공부한 내용을 확인해 보세요!

❶ A _____ no le gusta el chocolate.　그는 초콜릿을 싫어한다.

❷ A nosotros _____ gusta el café.　우리들은 커피를 좋아한다.

 왕초보 탈출 팁

전치사 con과 함께 쓰일 때 mí는 conmigo(나와 함께), ti는 contigo(너와 함께)가 됩니다.

왕초보 탈출 팁

간접목적격 대명사 형태의 중복형은 생략이 가능하지만, 간접목적격 대명사(me, te, le, nos, os, les)는 gustar 동사 구문에서 생략이 불가능함에 유의하세요.

 단어

chocolate 초콜릿 🔵
café 커피 🔵

정답
① él　② nos

4

¿Qué te gusta hacer en tu tiempo libre? 너는 쉬는 시간에 뭘 하는 걸 좋아하니?

★ gustar 동사와 같은 역구조 동사들

다음의 동사들도 gustar 동사처럼 역구조 형태를 갖습니다.

encantar 매혹시키다, 무척 즐거움을 주다	예) **Me** encanta **el chocolate.** 나는 초콜릿을 무척 좋아해.
quedar 남다, 있다	예) **Me** quedan **cinco dólares.** 내게 5달러가 남아 있다.
doler 아프다, 호소하다	예) **Me** duele **el estómago.** 나는 배가 아프다.
molestar 괴롭히다, 귀찮게 하다	예) **Me** molesta **el ruido.** 나는 소음이 괴롭다.

★ 의문사 qué를 활용한 역구조 동사 의문문 만들기

'무엇'을 의미하는 의문사 qué와 함께 gustar와 같은 역구조 동사들의 의문문을 만들 수 있습니다.

예) **A:** ¿Qué **te gusta hacer?** 너는 뭘 하는 걸 좋아하니?
　　 B: Me gusta ir al cine. 나는 영화관에 가는 걸 좋아해.

　　 A: ¿Qué **te duele?** 너는 어디가 아프니?
　　 B: Me duele el estómago. 나는 배가 아파.

 왕초보 탈출 팁

¿Qué te duele? 대신 의문사 dónde(어디)를 사용하여 ¿Dónde te duele?(너는 어디가 아프니?)라고 표현할 수도 있습니다.

🎸 **단어**

hacer 하다, 만들다
tiempo libre 쉬는 시간
dólar 달러
estómago 위, 배
ruido 소음
ir al cine 영화관에 가다

 공부한 내용을 확인해 보세요!

❶ ¿_____ os gusta hacer? 너희들은 뭘 하는 걸 좋아하니?

❷ A nosotros _____ gusta ir al cine.
우리들은 영화관에 가는 걸 좋아해.

 정답
① Qué　② nos

도전! 실전 회화

🎧 **MP3** 13-09 들어 보기　　🎤 **MP3** 13-10 말해 보기

 José　¿Te gusta bailar?

 Ana　Sí, me gusta bailar y cantar.❶

 José　¿Qué te gusta hacer en tu tiempo libre?

 Ana　Me gusta leer libros y dormir.❷

 José　A mí, también.❸

 회화 Tip

❶ gustar 동사 다음에 명사 또는 동사를 생략하여 Sí, me gusta(응, 좋아해) 또는 Sí, me gusta mucho(응, 정말 좋아해) 등으로 간단히 답하기도 합니다.

❷ gustar 동사 다음에 동사원형이 올 때, 두 개 이상의 동사가 나오더라도 gustar는 3인칭 단수형 gusta를 사용합니다.

❸ gustar 같은 역구조 동사를 사용한 문장에 대한 답변으로 Yo también이라고 말하지 않도록 유의하세요.

호세	너는 춤추는 걸 좋아하니?
아나	응, 나는 춤추고 노래 부르는 걸 좋아해.
호세	너는 쉬는 시간에 뭘 하는 걸 좋아하니?
아나	나는 책 읽고 잠자는 걸 좋아해.
호세	나도 그래.

단어

bailar 춤추다	**cantar** 노래하다	**tiempo libre** 쉬는 시간
leer libros 독서하다, 책을 읽다	**dormir** 잠을 자다	**también** 역시, 또한

기본 회화 연습

🎧 MP3 13-11 들어 보기 🎤 MP3 13-12 말해 보기

나는 ~을 좋아한다 Me gusta(n) ~

Me gusta la computadora. 나는 컴퓨터를 좋아해.

Me gustan las lenguas extranjeras. 나는 외국어를 좋아해.

Me gustan los parques naturales. 나는 자연 공원을 좋아해.

나는 ~하는 것을 좋아한다/좋아하지 않는다
Me gusta + 동사원형/No me gusta + 동사원형

Me gusta pintar. 나는 그림 그리는 걸 좋아해.

Me gusta jugar al fútbol. 나는 축구를 좋아해.

No me gusta ir de compras. 나는 쇼핑하러 가는 걸 좋아하지 않아.

No me gusta montar en bicicleta. 나는 자전거 타는 걸 좋아하지 않아.

너는 ~하는 것을 좋아하니? ¿Te gusta + 동사원형?

¿Te gusta jugar al baloncesto? 너는 농구하는 것을 좋아하니?

¿Te gusta cocinar? 너는 요리하는 것을 좋아하니?

¿Te gusta conducir? 너는 운전하는 것을 좋아하니?

 단어

lengua extranjera 외국어	computadora 컴퓨터	parque natural 자연 공원 🔋
pintar 그림을 그리다	jugar al fútbol 축구를 하다	ir de compras 쇼핑하러 가다
montar en bicicleta 자전거를 타다	jugar al baloncesto 농구를 하다	cocinar 요리하다
conducir 운전하다	pierna derecha 오른쪽 다리	

142

1 gustar와 doler, molestar 동사 구문을 활용하여 다음 표현을 완성하세요.

1   A: ¿Qué te _____ hacer en tu tiempo libre?

　　너는 쉬는 시간에 뭘 하는 걸 좋아하니?

　　B: _____ gusta ver la televisión.   나는 텔레비전 보는 것을 좋아해.

2   A: ¿Qué le _____?   어디가 아프세요?

　　B: Me _____ la pierna derecha.   오른쪽 다리가 아파요.

3   A: ¿Te _____ el ruido?   너는 소음이 괴롭니?

　　B: No, no me _____.   아니, 괴롭지 않아.

2 빈칸에 들어갈 알맞은 말을 고르세요.

1   ¿Qué _____ gusta hacer en tu tiempo libre?

　　너는 쉬는 시간에 뭘 하는 걸 좋아하니?

　　① le　　　　　② me　　　　　③ te　　　　　④ os

2   A _____ les encanta cocinar.   그들은 요리하는 것을 매우 좋아한다.

　　① vosotros　　② ellos　　　　③ ti　　　　　④ mí

3   Nos _____ el estómago.   우리는 배가 아프다.

　　① doler　　　② duelen　　　③ dolemos　　④ duele

Día 14

José es un estudiante divertido.

호세는 재미있는 학생이야.

월   일

MP3와 강의를 들어 보세요

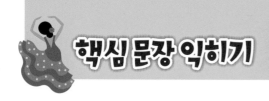

핵심 문장 익히기

🎧 **MP3** 14-01 들어 보기   🎤 **MP3** 14-02 말해 보기

❶

José es un estudiante divertido.

호세는 재미있는 학생이야.

⭐ 과거분사

과거분사는 명사를 수식하는 형용사로 사용할 수 있습니다. 이때 과거분사의 형태는 수식을 받는 명사의 성과 수에 일치시켜 줍니다.

⭐ 과거분사 규칙형

과거분사의 규칙형은 -ar 동사의 경우 어간에 -ado를, -er나 -ir로 끝나는 동사의 경우 -ido를 붙여 줍니다.

hablar 말하다	**habl**ado
comer 먹다	**com**ido
vivir 살다	**viv**ido

⭐ 과거분사 불규칙형

다음의 불규칙 형태들은 암기해 줍니다.

escribir 쓰다, 저술하다	escrito	**romper** 부수다, 쪼개다	roto
abrir 열다	abierto	**ver** 보다	visto
cubrir 덮다, 씌우다	cubierto	**poner** 놓다, 두다	puesto
morir 죽다, 사망하다	muerto	**hacer** 하다, 만들다	hecho
volver 돌아가다, 뒤집다	vuelto	**decir** 말하다	dicho

 단어

estudiante 학생 (남·여)
divertido 재미있는, 즐거운
edificio 건물
construir 건축하다, 짓다

공부한 내용을 확인해 보세요!

❶ Hay un libro _____ por Alicia.
   알리시아에 의해 쓰인 책 한 권이 있다.

❷ Aquel es el edificio _____ en 1950.
   저것은 1950년도에 지어진 건물이다.

정답
① escrito   ② construido

146

2

La tienda ya está cerrada.
가게는 이미 닫혀 있어.

★ 수동태 구문

스페인어의 수동태는 estar 또는 ser 동사를 사용하여 만들 수 있습니다.

1. estar+과거분사 (+por): 행위, 동작이 완료된 상태를 표현합니다.

예 El correo electrónico está escrito en coreano.
그 이메일은 한국어로 쓰여 있다.

La silla está rota.
의자가 부서져 있다.

2. ser+과거분사 (+por): 단순한 수동태 행위, 동작을 표현합니다.

예 Elena es amada por su esposo.
엘레나는 그녀의 남편에게 사랑받는다.

★ 능동태와 수동태의 비교

능동태	수동태(ser/estar+과거분사)
예 Felipe ama a Melisa. 펠리페는 멜리사를 사랑한다.	예 Melisa es amada por Felipe. 멜리사는 펠리페에 의해 사랑받는다.
예 Josefina abre esta ventana. 호세피나는 이 창문을 연다.	예 Esta ventana es abierta por Josefina. 이 창문은 호세피나에 의해 열려 있다.

 왕초보 탈출 팁

이메일은 스페인어로 correo electrónico라고 하거나 영어의 e-mail[이메일]을 그대로 사용하기도 합니다.

 왕초보 탈출 팁

수동형을 만들 때 '~에 의해'라는 표현은 por를 사용하나 정신적인 행위를 묘사할 때에는 por 대신 de를 사용하기도 합니다.
→ por의 쓰임 185쪽

 단어

tienda 상점, 가게
ya 이미
cerrar 닫다
correo electrónico 전자 우편, 이메일
silla 의자
amar 사랑하다
esposo 남편
ventana 창문
niño 아이, 어린이

 공부한 내용을 확인해 보세요!

❶ La ventana es _____ por Juan.　창문이 후안에 의해 열려 있다.

❷ Los niños _____ amados por sus padres.
아이들은 부모님에 의해 사랑받는다.

 정답
① abierta　② son

🎧 **MP3** 14-05 들어 보기　🎤 **MP3** 14-06 말해 보기

3

He estado en Inglaterra. 나는 영국에 가 본 적이 있어.

★ 현재완료

현재완료는 'haber의 현재형＋과거분사' 형태로 이루어집니다. 현재완료는 이전에 발생한 일들을 나타내는 표현으로 과거의 일이지만 그것이 현재까지 영향을 미치고 있는 경우에 쓰입니다.

haber의 현재형＋과거분사	
he	
has	
ha	hablado
hemos	+ comido
habéis	vivido
han	

 왕초보 탈출 팁

현재완료 haber의 현재형 바로 다음에 쓰이는 과거분사는 주어와의 성수일치 없이 항상 남성 단수형을 사용합니다.

현재완료의 쓰임 1 현재까지의 경험

현재까지의 경험을 나타낼 때 사용됩니다. 보통 '~해 본 적이 있다'로 해석해 줍니다.

예 **A:** ¿Has estado en Panamá?　파나마에 가 본 적이 있니?

B: Sí, he estado dos veces.　응, 두 번 가 봤어.

A: ¿Has leído esta novela?　너 이 소설 읽어 본 적 있니?

B: Sí, la he leído una vez.　응, 한 번 읽어 봤어.

A: ¿Habéis probado la paella?　너희들은 빠에야를 먹어 본 적 있니?

B: Sí, una vez.　응, 한번.

🎸 **단어**

Inglaterra 영국
Panamá 파나마
dos veces 두 번
novela 소설
una vez 한 번
probar 먹어 보다, 시도하다
película 영화

 공부한 내용을 확인해 보세요!

❶ He ＿＿＿＿＿＿ en México.　나는 멕시코에 가 본 적이 있어.

❷ ¿Han ＿＿＿＿＿＿ esa película?　그들은 그 영화를 본 적이 있니?

 정답
① estado ② visto

4

Hoy me he levantado tarde. 나는 오늘 늦게 일어났어.

현재완료의 쓰임 2 행위의 완료 및 결과

현재까지 지속된 행위 및 동작의 결과를 나타낼 때 사용됩니다.

예 ¿Has terminado la tarea? 너 숙제 다 했니?
Ya ha salido el tren. 이미 기차는 출발했다.

★ 재귀동사의 현재완료형

재귀동사를 사용하여 현재완료형을 만들 때에는 재귀대명사가 동사 앞에 놓입니다.

예 Marisa se ha maquillado. 마리사는 화장을 했다.
Ellos se han lavado la cara. 그들은 세수를 했다.

➔ 재귀동사 183쪽

★ 현재완료를 사용하는 표현들

현재완료는 과거의 일이 현재의 사실과 관련이 있을 때 사용되는 구문으로 과거의 사건, 행위와 아래의 표현들이 함께 나오면 현재완료시제를 써 줍니다.

ahora 지금	**hoy** 오늘	**esta mañana** 오늘 아침
esta semana 이번 주	**este mes** 이번 달	**este verano** 이번 여름
este año 올해	**durante** ~동안	**ya** 벌써, 이미
todavía 아직	**esta vez** 이번에	

예 Esta mañana me he levantado a las cinco.
나는 오늘 아침에 다섯 시에 일어났다.

Este año hemos estudiado mucho.
우리는 올해에 열심히 공부했다.

공부한 내용을 확인해 보세요!

❶ Os _____ lavado la cara. 너희들은 세수를 했다.

❷ ¿Ha _____ el autobús? 버스가 떠났니?

왕초보 탈출 팁
완료시제에서 haber와 과거분사 사이에는 중간에 ser, estar 동사가 쓰이는 경우를 제외하고 어떤 것도 삽입할 수 없습니다.

단어

tarde 늦게
terminar 끝내다, 끝나다
tarea 숙제
salir 나가다, 출발하다
tren 기차
maquillarse 화장하다
lavarse la cara 세수하다
mucho 열심히, 무척

정답
① habéis ② salido

도전! 실전 회화

🎧 MP3 14-09 들어 보기　　🎤 MP3 14-10 말해 보기

 José: ¿Has probado churros?

 Ana: Todavía no.

 José: Te invito a comer.❶

 Ana: Gracias, pero no he terminado la tarea.

 José: Bueno. Pues, vamos a comerlos❷
la semana próxima.

 회화 Tip

❶ Te invito a comer는 직역하면 '내가 너를 식사에 초대할게'라는 의미로 간단하게 Te invito라고 하면 '내가 살게'라는 뜻이 됩니다.

❷ comerlos와 같이 목적격 대명사는 동사원형 뒤에 붙여서 사용할 수 있습니다.
➔ 직접·간접목적격 대명사의 위치 184쪽

호세	넌 추로스를 먹어 본 적 있니?
아나	아직 없어.
호세	내가 살게.
아나	고마워. 근데 아직 숙제를 다 못 끝냈어.
호세	좋아. 그러면 다음 주에 같이 먹자.

단어

probar 먹어 보다, 시도하다
invitar a comer 식사에 초대하다
bueno (시인의 의미로) 좋아, 알겠습니다
próximo 가까운, 다음의

churros 추로스(스페인 전통 튀김 요리)
terminar 끝내다, 완료하다
pues 자, 그러면

todavía 아직
tarea 숙제
semana 주

기본 회화 연습

🎧 MP3 14-11 들어 보기　🎤 MP3 14-12 말해 보기

~은(는) 닫혀 있다 ~ está cerrado(a)

La tienda está cerrada.　상점이 닫혀 있다.

El centro está cerrado.　센터는 닫혀 있다.

La carnicería está cerrada.　정육점은 닫혀 있다.

나는 ~에 가 봤다 He estado en ~

He estado en **Japón.**　나는 일본에 가 본 적이 있어.

He estado en **esa iglesia.**　나는 그 교회에 가 본 적이 있어.

He estado en **aquel hotel.**　나는 저 호텔에 가 본 적이 있어.

오늘 나는 ~했다 Hoy he + 과거분사

Hoy he ido **a la escuela.**　오늘 나는 학교에 갔다.

Hoy he comido **un pollo asado.**　오늘 나는 통닭구이를 먹었다.

Hoy he terminado **la tarea.**　오늘 나는 숙제를 끝냈다.

 단어

carnicería 정육점	Japón 일본	iglesia 교회
hotel 호텔 남	escuela 학교	pollo asado 통닭구이
terminar 끝내다	tarea 숙제, 과제	Alemania 독일
desayunar 아침식사를 하다		

152

1 밑줄 친 부분에 들어갈 알맞은 과거분사 형태를 적으세요.

1 El autobús ha _____(llegar) tarde. 버스가 늦게 도착했다.

2 Hoy hemos _____(ir) a la escuela. 오늘 우리들은 학교에 갔었다.

3 ¿Has _____(probar) el taco? 너는 타코를 먹어 봤니?

4 La carnicería está _____(cerrar). 그 정육점은 닫혀 있다.

2 다음 문장의 빈칸을 채우세요.

1 나는 독일에 가 본 적이 있다.

_____ estado en Alemania.

2 그 창문은 깨져 있다.

La ventana _____ rota.

3 그들은 이미 아침을 먹었다.

Ellos ya _____ desayunado.

Día 15

Juan es más alto que Daniela.

후안은 다니엘라보다 키가 커.

월   일

MP3와 강의를 들어 보세요

공부 순서

동영상 강의

☐ ☐ ☐

본책

☐ ☐ ☐

복습용 동영상

☐ ☐ ☐

단어장

☐ ☐ ☐

단어암기 동영상

☐ ☐ ☐

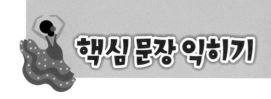

핵심 문장 익히기

🎧 MP3 15-01 들어 보기   🎤 MP3 15-02 말해 보기

1

Juan es más alto que Daniela.

후안은 다니엘라보다 키가 커.

★ 우등 비교급: ~보다 더

우등 비교급은 '~보다 더'라는 뜻을 가지며 'más＋명사/형용사/부사＋que＋비교 대상'으로 표현합니다.

- Elena es más bonita que Daniela. 엘레나는 다니엘라보다 더 예쁘다.
  Tú eres más inteligente que Juan. 너는 후안보다 더 똑똑해.
  Esta casa es más moderna que esa. 이 집은 그것보다 더 현대적이다.
  Tengo más libros que tú. 나는 너보다 많은 책을 가지고 있다.
  Ricardo estudia más que yo. 리카르도는 나보다 공부를 더 한다.

★ 열등 비교급: ~보다 덜

열등 비교급은 '~보다 덜'이라는 뜻을 가지며 'menos＋명사/형용사/부사＋que＋비교 대상'으로 표현합니다.

- Ricardo es menos alto que Juan. 리카르도는 후안보다 키가 덜 크다.
  Elena es menos bonita que Daniela. 엘레나는 다니엘라보다 덜 예쁘다.
  Tú eres menos inteligente que Juan. 너는 후안보다 덜 똑똑해.
  Juan come menos rápido que yo. 후안은 나보다 덜 빨리 먹는다.

🍳 왕초보 탈출 팁

más와 menos가 명사, 형용사, 부사를 수식할 때에는 단어의 앞에 놓고, 동사를 수식할 때에는 동사 뒤에 놓습니다.

🎸 단어

más 더
alto 키가 큰, 높은
bonito 예쁜
inteligente 똑똑한, 영리한
moderno 현대적인
menos 덜
rápido 빠른
trabajar 일하다

🎸 공부한 내용을 확인해 보세요!

❶ **Vosotros trabajáis _____ _____ ellos.**
너희들은 그들보다 일을 더 한다.

❷ **Rosa es _____ alta _____ Luis.**
로사는 루이스보다 키가 더 크다.

 정답
① más que   ② más, que

2

Eduardo es tan alto como Juan.

에두아르도는 후안만큼 키가 커.

★ 동등 비교급: ~만큼 …한

'~만큼 …한'이라는 뜻의 동등 비교급은 'tan+형용사/부사+como+비교 대상'으로 표현합니다.

例 Elena es tan bonita como Ana.
엘레나는 아나만큼 예쁘다.

Este hotel es tan caro como aquel.
이 호텔은 저것만큼 비싸다.

★ 동등 비교급: ~처럼 많은 …

'~처럼 많은 …'이라는 뜻을 가지는 동등 비교급은 'tanto(a/os/as)+명사+como+비교 대상'으로 표현합니다.

例 Tengo tantos libros como tú.
나는 너만큼의 책을 가지고 있다.

No tengo tanta experiencia como ella.
나는 그녀만큼 많은 경험을 갖고 있지 못하다.

🍳 왕초보 탈출 팁

tanto(a)는 양적인 동등 비교, tanto(a)s는 수적인 동등 비교를 나타낼 때 사용합니다. 형용사, 부사 앞에서 tanto(a)는 tan으로 바뀌고 명사 앞에서는 tanto(a) 또는 tanto(a)s로 명사와 성, 수를 일치시켜 줍니다.

🎸 단어

como ~처럼
bonito 예쁜
hotel 호텔 🏨
caro 비싼
experiencia 경험
computadora 컴퓨터

공부한 내용을 확인해 보세요!

❶ Ellas son tan _____ como ustedes.
그녀들은 당신들만큼 키가 크다.

❷ No tengo _____ computadoras como Elena.
나는 엘레나만큼 많은 컴퓨터를 갖고 있지는 않다.

정답
① altas ② tantas

핵심 문장 익히기

🎧 **MP3** 15-05 들어 보기　🎤 **MP3** 15-06 말해 보기

③ Este violín es mejor que aquel.

이 바이올린은 저것보다 더 좋아.

★ 비교급 불규칙형

대표적인 비교급 불규칙형으로는 bueno의 비교급인 mejor와 malo의 비교급인 peor가 있습니다. mejor와 peor를 más bueno 또는 más malo라고 표현하지 않도록 주의합시다. 한편, mejor와 peor는 남녀 동형으로 성에 따라 형태가 변화하지 않는다는 특징이 있습니다.

형용사	비교급
bueno 좋은	mejor 더 좋은
malo 나쁜	peor 더 나쁜
grande 나이가 많은, 큰	mayor 연상의
	más grande 더 큰
pequeño 나이가 적은, 작은	menor 연하의
	más pequeño 더 작은

예 Este dormitorio es peor que aquel.　이 방은 저것보다 더 나쁘다.
　 Juan es mayor que Ana.　후안은 아나보다 연상이다.
　 Isabel es menor que yo.　이사벨은 나보다 연하이다.

🎸 **왕초보 탈출 팁**

grande와 pequeño는 비교급이 두 가지입니다. 규칙형인 más grande와 más pequeño는 크기나 면적을 나타낼 때 쓰이고, 불규칙형인 mayor와 menor는 나이를 비교할 때 사용됩니다.

 단어

violín 바이올린 🎻
dormitorio 방, 기숙사
edificio 빌딩

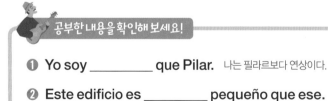
🎸 공부한 내용을 확인해 보세요!

❶ Yo soy _____ que Pilar.　나는 필라르보다 연상이다.

❷ Este edificio es _____ pequeño que ese.
　 이 빌딩은 그것보다 더 작다.

정답
① mayor　② más

158

4

Esta flor es la más hermosa de todas. 이 꽃이 모든 꽃 중에서 가장 아름다워.

★ 형용사의 우등 최상급: 가장 ~한

más 앞에 정관사를 붙여서 만들며 '가장 ~한'의 뜻을 가집니다. '정관사(el/la/los/las)+más+형용사+de'가 기본 구조입니다.

🔊 Alejandro es el más alto de la clase.
알레한드로는 반 전체에서 키가 가장 크다.

Elena es la más inteligente del grupo.
엘레나는 전체 그룹에서 가장 똑똑하다.

★ 형용사의 열등 최상급: 가장 덜 ~한

menos 앞에 정관사를 붙여서 만들며 '가장 덜 ~한'의 뜻을 가집니다. '정관사(el/la/los/las)+menos+형용사+de'가 기본 구조입니다.

🔊 Alejandro es el menos alto de la clase.
알레한드로는 반 전체에서 키가 가장 작다.

Elena es la menos inteligente del grupo.
엘레나는 전체 그룹에서 가장 덜 똑똑하다.

★ 형용사의 절대 최상급: 매우 ~한

형용사를 강조하는 표현으로 '매우 ~한'이라고 해석해 줍니다. 자음으로 끝나는 형용사에는 바로 -ísimo를 붙여 주고, 모음으로 끝나는 형용사에는 모음을 떼고 -ísimo를 붙여 줍니다.

형용사	절대 최상급
fácil 쉬운	facilísimo 매우 쉬운
difícil 어려운	dificilísimo 매우 어려운
grande 큰	grandísimo 매우 큰
pequeño 작은	pequeñísimo 매우 작은

 왕초보 탈출 팁

절대최상급 표현은 'muy+형용사'와 동일하게 쓸 수 있습니다. 따라서 grandísimo 대신에 muy grande라고 표현할 수 있습니다.

 단어

flor 꽃 🔹
todo 모든
clase 반, 교실 🔹
grupo 그룹, 단체

도전! 실전 회화

🎧 **MP3** 15-09 들어 보기　🎙 **MP3** 15-10 말해 보기

 José　Elena es más delgada que Juan.

 Ana　Sí, pero ella es menos alta que Juan.

 José　¿Quién es el más inteligente de la clase?

 Ana　Eduardo es el más inteligente de la clase.

 회화Tip

Eduardo es el más inteligente de la clase(에두아르도가 반에서 가장 똑똑해) 문장은 Eduardo es el <u>estudiante</u> más inteligente de la clase(에두아르도가 반에서 가장 똑똑한 학생이야)처럼 el과 más 사이에 적절한 명사를 넣어서 표현할 수도 있습니다.

호세	엘레나는 후안보다 더 날씬해.
아나	맞아, 하지만 그녀는 후안보다 키가 작아.
호세	반에서 누가 가장 똑똑하니?
아나	에두아르도가 반에서 가장 똑똑해.

단어

delgado 날씬한	alto 키가 큰	quién 누구
inteligente 똑똑한	clase 반, 교실 여	

기본 회화 연습

🎧 MP3 15-11 들어 보기　🎤 MP3 15-12 말해 보기

~보다 더/덜 …하다　más/menos … que ~

Juan es más fuerte que Andrea.　후안은 안드레아보다 더 힘이 세다.

Este refrigerador es menos caro que aquel.
이 냉장고는 저것보다 덜 비싸다.

Mi primo es menos simpático que Juan.
내 사촌은 후안보다 덜 친절하다.

~만큼 …하다　tan + 형용사/부사 + como ~

Tú eres tan inteligente como mi tío.　너는 나의 삼촌만큼 똑똑하다.

Esta flor es tan hermosa como esa.　이 꽃은 그것만큼 아름답다.

Luis corre tan rápido como ellos.　루이스는 그들만큼 빨리 달린다.

~에서 가장 …하다　정관사 + más/menos + 형용사 + de ~

Juan es el más bajo del grupo.　후안은 그룹에서 키가 가장 작다.

Juan es el menos amable de la clase.
후안은 반에서 가장 덜 친절하다.

Esta ciudad es la más hermosa del mundo.
이 도시는 세상에서 가장 아름답다.

단어

fuerte 강한, 힘이 센	**caro** 비싼	**simpático** 친절한
hermoso 아름다운	**correr** 달리다	**bajo** 키가 작은, 낮은
ciudad 도시 여	**mundo** 세상	

1 밑줄 친 부분에 들어갈 알맞은 말을 적으세요.

1 Me gusta más el español _____ el inglés.

나는 스페인어를 영어보다 더 좋아해.

2 Alicia es _____ menos alta de la clase.

알리시아가 반에서 키가 가장 작다.

3 Ellos estudian más _____ nosotros.

그들은 우리들보다 더 열심히 공부한다.

4 Ella tiene _____ libros como Juan.

그녀는 후안만큼 많은 책들을 갖고 있다.

2 다음 문장을 스페인어로 작문하세요.

1 알레한드로는 후안만큼 키가 크다.

→ _____

2 이 레스토랑이 그것보다 더 좋습니다.

→ _____

3 이 도시가 세상에서 가장 아름답습니다.

→ _____

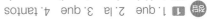
정답 1 1. que 2. la 3. que 4. tantos
2 1. Alejandro es tan alto como Juan. 2. Este restaurante es mejor que ese. 3. Esta ciudad es la más hermosa del mundo.

Día 16

Abre la ventana.

창문을 열어.

월   일

MP3와 강의를 들어 보세요

 공부 순서

동영상 강의	본책	복습용 동영상
☐ ☐ ☐	☐ ☐ ☐	☐ ☐ ☐

단어장	단어암기 동영상
☐ ☐ ☐	☐ ☐ ☐

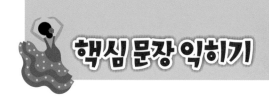

핵심 문장 익히기

🎧 **MP3** 16-01 들어 보기　🎤 **MP3** 16-02 말해 보기

1

Abre la ventana. 창문을 열어.

★ tú 긍정명령 규칙형

스페인어에서 명령형은 명령 혹은 조언을 할 때 사용되며, tú 긍정명령형은 현재시제 3인칭 단수형과 동일한 형태를 갖습니다.

동사원형		현재형 3인칭 단수		tú 긍정명령
hablar	→	habla	→	habla (tú)
comer	→	come	→	come (tú)
vivir	→	vive	→	vive (tú)

예 Come esto. 이거 먹어.
　 Vive aquí. 여기 살아라.
　 Habla más despacio. 좀 더 천천히 말해라.

★ tú 긍정명령 불규칙형

다음 8가지 동사들의 명령형은 예외적으로 불규칙한 형태가 되므로 암기해 둡시다.

decir 말하다	di	poner 놓다	pon
hacer 하다	haz	tener 가지다	ten
salir 나가다	sal	ir 가다	ve
venir 오다	ven	ser ~이다	sé

예 Haz la tarea. 숙제를 해라.
　 Ven aquí. 이리 와.
　 Ten paciencia. 인내심을 가져라.

> 🍳 **왕초보 탈출 팁**
>
> 명령형 뒤에는 Habla/Habla tú(말해)에서와 같이 주어를 써도 되고 생략해도 됩니다.

> 🍳 **왕초보 탈출 팁**
>
> ir(가다)와 ver(보다)는 동일한 형태의 tú 명령형(ve)을 갖고 있기 때문에 문맥에 따른 적절한 의미 파악이 필요합니다.

 단어

aquí 여기
despacio 천천히
tarea 숙제, 과제
paciencia 인내심

🎸 **공부한 내용을 확인해 보세요!**

❶ _____ un poco más. 조금 더 먹어.

❷ _____ una canción. 노래 한 곡 불러.

 정답
① Come　② Canta

2

No uses ese teléfono. 그 전화기를 사용하지 마.

★ tú 부정명령 규칙형

tú 부정명령형을 만들기 위해서는 우선 1인칭 단수 현재형에서 o를 빼 줍니다. 그리고 동사원형이 ar로 끝나는 동사들은 어간에 es를, er나 ir로 끝나는 동사들은 어간에 as를 붙여 줍니다. 이렇게 변형시킨 동사 앞에 no를 붙이면 부정명령문이 됩니다.

동사원형		현재형 1인칭 단수		tú 부정명령
hablar	→	hablo	→	**no hables** (tú)
comer	→	como	→	**no comas** (tú)
vivir	→	vivo	→	**no vivas** (tú)

예 No comas mucho. 많이 먹지 마라.

No llores. 울지 마라.

No grites. 소리 지르지 마.

No comas dulces. 단것을 먹지 마라.

🍳 **왕초보 탈출 팁**

tú 부정명령형을 만드는 규칙은 1인칭이 불규칙인 동사들과 어간 변화 동사들에도 동일하게 적용됩니다.

예 salir → salgo
No salgas. 나가지 마라.

conducir → conduzco
No conduzcas tan rápido. 그렇게 빨리 운전하지 마라.

 단어

usar 이용하다

teléfono 전화기

llorar 울다

gritar 소리 지르다

dulce 단, 단것

salir 나가다

conducir 운전하다

tan 그렇게

rápido 빠른

🎸 **공부한 내용을 확인해 보세요!**

❶ No _____ ahora. 지금 나가지 마.

❷ No _____. 울지 마.

정답

① salgas　② llores

핵심 문장 익히기

🎧 **MP3** 16-05 들어 보기　🎤 **MP3** 16-06 말해 보기

③ Coma frutas. 과일을 드세요.

★ usted/ustedes 긍정명령 규칙형

usted 긍정명령형은 1인칭 단수 현재형에서 동사원형이 ar로 끝나는 동사는 o를 e로, 동사원형이 er나 ir로 끝나는 동사는 o를 a로 바꿔 줍니다. 여기에 n을 붙여 주면 ustedes 명령형이 됩니다.

동사원형		현재형 1인칭 단수		usted 긍정명령		ustedes 긍정명령
hablar	→	hablo	→	**hable** (usted)	→	**hablen** (ustedes)
comer	→	como	→	**coma** (usted)	→	**coman** (ustedes)
vivir	→	vivo	→	**viva** (usted)	→	**vivan** (ustedes)

📣 Hable más despacio. (당신은) 좀 더 천천히 말씀해 주세요.
　Limpien la habitación. (당신들은) 방을 청소하세요.

★ usted/ustedes 긍정명령 불규칙형

다음의 5가지 동사들은 불규칙 형태이므로 암기해 두세요.

동사원형	usted 명령형	ustedes 명령형
dar	dé	den
estar	esté	estén
ir	vaya	vayan
saber	sepa	sepan
ser	sea	sean

🍳 왕초보 탈출 팁

usted/ustedes 긍정 혹은 부정명령형을 만드는 규칙은 1인칭이 불규칙인 동사들과 어간변화 동사들에도 동일하게 적용됩니다.

📣 cerrar → cierro
Cierre(n) la puerta.
문을 닫으세요.
poner → pongo
Ponga(n) la mesa, por favor. 식탁을 차리세요.

🍳 스페인어의 호칭어

señor	～님, ～씨(Mr.)
señora	～님, 부인(Mrs.)
señorita	～양, 아가씨(Miss)

🎸 단어

fruta 과일
despacio 천천히
limpiar 청소하다
habitación 방 📣
señor ～님, ～씨(영어의 Mr.)
cerrar 닫다
puerta 문
poner 놓다, 두다
poner la mesa 상을 차리다
por favor 부디, 제발

🎸 공부한 내용을 확인해 보세요!

❶ _____ frutas. 　여러분 과일을 드세요.

❷ _____ la ventana, señor Kim. 　김 선생님, 창문을 열어 주세요.

 정답
① Coman　② Abra

🎧 **MP3** 16-07 들어 보기   🎤 **MP3** 16-08 말해 보기

4

No beba mucho refresco. 탄산음료를 많이 마시지 마세요.

⭐ usted/ustedes 부정명령 규칙형

앞서 배운 긍정명령형 앞에 no를 붙이면 부정명령형이 됩니다.

동사원형	현재형 1인칭 단수	usted 부정명령	ustedes 부정명령
hablar →	hablo	→ **no hable** (usted) →	**no hablen** (ustedes)
comer →	como	→ **no coma** (usted) →	**no coman** (ustedes)
vivir →	vivo	→ **no viva** (usted) →	**no vivan** (ustedes)

예 No se levante tarde. 늦게 일어나지 마세요.
  No coman pan. 빵을 드시지 마세요.

⭐ usted/ustedes 부정명령 불규칙형

부정명령에서도 다음의 5가지 동사들은 불규칙 형태이므로 암기해 두세요.

동사원형	usted 명령형	ustedes 명령형
dar	no dé	no den
estar	no esté	no estén
ir	no vaya	no vayan
saber	no sepa	no sepan
ser	no sea	no sean

 왕초보 탈출 팁

부정명령형에서 목적격 대명사나 재귀대명사는 평서문과 같이 no와 동사 사이에 위치합니다. 직접목적어와 간접목적어의 순서도 평서문과 똑같이 간접목적어 다음에 직접목적어가 옵니다.

예 No lo coma.
그것을 먹지 마세요.
  No me lo diga.
저에게 그것을 말씀하지 마세요.

🎸 **단어**

beber 마시다
refresco 탄산음료
levantarse 일어나다
tarde 늦은, 늦게
pan 빵 🍞
decir 말하다

🎸 **공부한 내용을 확인해 보세요!**

❶ **No me lo _____.** 저에게 그것을 말씀하지 마세요.

❷ **No _____ la ventana, señores.**
선생님들, 창문을 닫지 말아 주세요.

정답
① diga ② cierren

도전! 실전 회화

 José: Come esto, está delicioso.

 Ana: Gracias. Está muy rico.

 José: Pásame la sal, por favor.❶

 Ana: Toma.❷

 회화 Tip

❶ por favor는 '부탁해', '부탁합니다'의 의미로 동사활용이 익숙하지 않을 때에는 '명사+por favor' 구문을 활용
하여 간단하면서도 유용한 일상회화 표현들을 만들 수 있습니다.

　예 Agua, por favor. 물 좀 주세요.
　　 Su nombre, por favor? 당신의 이름은요?

❷ Toma(tú 명령형)와 Tome(usted 명령형) 대신에 Aquí tienes(여기 있어)와 Aquí tiene(여기 있습니다)라
고 표현할 수도 있습니다.

호세	이거 먹어, 맛있어.
아나	고마워. 아주 맛있네.
호세	소금 좀 줘.
아나	받아.

기본 회화 패턴

🎧 **MP3** 16-11 들어 보기　　🎤 **MP3** 16-12 말해 보기

~해 ¡Haz ~!

¡Haz **la tarea!** 숙제해!

¡Haz **la cama!** 침대를 정돈해!

~하지마 ¡No hagas ~!

¡No hagas **la tarea!** 숙제하지 마!

¡No hagas **la cama!** 침대를 정돈하지 마!

~하세요 ¡Haga ~!

¡Haga **la tarea!** 숙제하세요!

¡Haga **la cama!** 침대를 정돈하세요!

~하지마세요 ¡No haga ~!

¡No haga **la tarea!** 숙제하지 마세요!

¡No haga **la cama!** 침대를 정돈하지 마세요!

 단어

haz ~해(hacer의 tú 명령형)　　**haga** ~하세요(hacer의 usted 명령형)　　**tarea** 숙제
hacer la cama 침대를 정돈하다　　**cena** 저녁식사　　**paciencia** 인내심

172

1 다음 문장을 tú에 대한 명령형으로 만들어 보세요.

1 _____(abrir) **la puerta.** 문을 열어.

2 _____(hacer) **la tarea.** 숙제해.

3 _____(preparar) **la cena.** 저녁식사를 준비해.

4 _____(tener) **paciencia.** 인내심을 가져라.

2 다음 문장을 usted에 대한 명령형으로 만들어 보세요.

1 _____(abrir) **la puerta.** 문을 여세요.

2 _____(estudiar) **mucho.** 열심히 공부하세요.

3 _____(preparar) **la cena.** 저녁식사를 준비하세요.

4 _____(tener) **paciencia.** 인내심을 가지세요.

핵심 문법
요점 노트

★ 기수 표현

0	1	2	3	4
cero	uno	dos	tres	cuatro
5	6	7	8	9
cinco	seis	siete	ocho	nueve
10	11	12	13	14
diez	once	doce	trece	catorce
15	16	17	18	19
quince	dieciséis	diecisiete	dieciocho	diecinueve
20	21	22	23	24
veinte	veintiuno	veintidós	veintitrés	veinticuatro
25	26	27	28	29
veinticinco	veintiséis	veintisiete	veintiocho	veintinueve
30	31	32	33	34
treinta	treinta y uno	treinta y dos	treinta y tres	treinta y cuatro
35	36	37	38	39
treinta y cinco	treinta y seis	treinta y siete	treinta y ocho	treinta y nueve

★31부터는 십 단위와 일 단위 사이에 y를 넣어 줍니다.

10 단위

10	20	30	40	50
diez	veinte	treinta	cuarenta	cincuenta
60	70	80	90	
sesenta	setenta	ochenta	noventa	

100 단위

100	200	300	400	500
cien	doscientos	trescientos	cuatrocientos	quinientos
600	700	800	900	
seiscientos	setecientos	ochocientos	novecientos	

1000 단위

1000	2000	3000	4000	5000
mil	dos mil	tres mil	cuatro mil	cinco mil
6000	7000	8000	9000	10000
seis mil	siete mil	ocho mil	nueve mil	diez mil

★ 서수 표현

서수는 형용사나 명사로 사용됩니다.

primero/a 첫 번째(의)	segundo/a 두 번째(의)	tercero/a 세 번째(의)	cuarto/a 네 번째(의)	quinto/a 다섯 번째(의)
sexto/a 여섯 번째(의)	séptimo/a 일곱 번째(의)	octavo/a 여덟 번째(의)	noveno/a 아홉 번째(의)	décimo/a 열 번째(의)

★서수를 쓸 때, 보통 décimo(열 번째) 이후부터는 기수를 사용합니다.

스페인어 의문사

스페인어의 의문사에는 항상 악센트를 표시합니다. cuál은 cuáles, quién은 quiénes와 같이 복수형이 존재합니다. cuánto는 cuántos, cuánta, cuántas와 같이 바로 다음에 나오는 명사와 성수를 일치시켜 줍니다.

qué	무엇(what)
cuál	어느 것(which)
quién	누구(who)
cómo	어떻게(how)
dónde	어디(where)
cuándo	언제(when)
por qué	왜(why)
cuánto	얼마만큼, 어느 정도, 몇 개(how much/how many)

¿Qué es esto? 이것은 무엇입니까?

¿Cuál es tu número de teléfono? 네 전화번호는 몇 번이니?

¿Quién es Pablo? 파블로가 누구야?

¿Cómo se llama usted? 당신의 이름은 무엇입니까?

¿Dónde viven ellos? 그들은 어디에 삽니까?

¿Cuándo es tu cumpleaños? 네 생일은 언제야?

¿Por qué estudias español? 너는 왜 스페인어를 공부해?

¿Cuánto es? 얼마예요?

★ ser 동사와 estar 동사 비교

ser는 영구적 상태, estar는 위치나 일시적 상태를 나타냅니다.

ser 동사 (본질, 외모, 성격, 지속적)	estar 동사 (상태, 일시적)
예 ¿Cómo es su abuelo? 그의 할아버지는 어떤 분이신가요?	예 ¿Cómo está su abuelo? 그의 할아버지는 어떻게 지내십니까?
예 Su abuelo es alto. 그의 할아버지는 키가 크시다.	예 Su abuelo está bien. 그의 할아버지는 잘 지내신다.
예 Melisa es guapa. 멜리사는 예쁘다.	예 Melisa está guapa. 멜리사는 예쁘다.
예 Elena es alegre. 엘레나는 쾌활하다.	예 Hoy Elena no está alegre. Está triste. 엘레나는 오늘 명랑하지 않다. 슬프다.
예 El hielo es frío. 얼음은 차갑다.	예 Este café está frío. 이 커피는 차갑다.
예 Elmer es peruano. 엘메르는 페루 사람이다.	예 Elmer está enfermo. 엘메르는 아프다.

★ Melisa está guapa의 경우 '모자를 써서 예쁘다', '헤어스타일을 바꿔서 예쁘다' 등 외모에 변화가 있어서 예쁘다는 의미이고, Melisa es guapa는 얼굴 자체가 예쁘다는 의미입니다.

★ ser 동사와 estar 동사에 따라 의미가 변하는 형용사

다음의 형용사들은 어떤 동사와 함께 쓰느냐에 따라 의미가 달라집니다.

ser		estar	
	malo/a 나쁘다, 못됐다		malo/a 아프다
	listo/a 똑똑하다, 영리하다		listo/a 준비가 되다
	rico/a 부유하다, 풍부하다		rico/a 맛있다
	aburrido/a 지루하다, 재미없다		aburrido/a 심심해하다, 지루해하다

예 Juan es malo. 후안은 나쁜 사람이다. (ser 동사)
Mi madre está mala. 우리 어머니는 편찮으시다. (estar 동사)

Esta película es aburrida. 이 영화는 지루하다. (ser 동사)
Juan está aburrido. 후안은 심심해한다. (estar 동사)

★ ser 동사의 용법

1. 주어의 성질(본질, 국적, 신분)

Ella es amable. 그녀는 상냥하다.

Soy coreano. 나는 한국인이다.

Somos estudiantes. 우리들은 학생이다.

2. 시간

Es la una en punto. 1시 정각이다.

Son las dos menos cinco. 2시 5분 전이다.

3. 출신, 소유

❶ 출신

¿De dónde es Ud.? 어디 출신이세요?

Soy de Corea. 나는 한국 출신입니다.

Soy coreano. 나는 한국인입니다.

Soy de nacionalidad coreana. 나는 한국 국적입니다.

❷ 소유

¿De quién es este libro? 이 책은 누구 거야?

Es de mi amigo. 내 친구 거야.

★ ser de+장소: 출신
ser de+사람: 소유

4. 신분, 직업

¿Quién es ella? 그녀는 누구야?

¿Qué es ella? 그녀의 직업은 뭐야?

5. 진리

La nieve es blanca, pero está sucia. 눈은 하얗지만, (지금 상태가) 더럽다.

1인칭 단수형이 -go로 끝나는 불규칙동사

불규칙동사 중에서 poner → pongo와 같이 1인칭이 -go로 끝나는 동사들이 있습니다.

hacer 하다, 만들다	hago haces hace	hacemos hacéis hacen
salir 나가다, 떠나다	salgo sales sale	salimos salís salen
poner 놓다, 두다	pongo pones pone	ponemos ponéis ponen
tener 가지다	tengo tienes tiene	tenemos tenéis tienen
venir 오다	vengo vienes viene	venimos venís vienen
decir 말하다	digo dices dice	decimos decís dicen

예 **Vengo de España.** 나는 스페인에서 왔어.

Yo te digo la verdad. 나는 너에게 사실을 말한다.

★ 소유형용사 전치형

다음의 소유형용사들은 수식하는 명사 앞에 위치합니다.

단수	복수
mi 나의	**mis** 나의
tu 너의	**tus** 너의
su 그의/그녀의/당신의	**sus** 그의/그녀의/당신의
nuestro(a) 우리들의	**nuestro(a)s** 우리들의
vuestro(a) 너희들의	**vuestro(a)s** 너희들의
su 그들의/그녀들의/당신들의	**sus** 그들의/그녀들의/당신들의

예 **mi casa** 나의 집   **mis casas** 나의 집들
tu libro 너의 책   **tus libros** 너의 책들

nuestoro와 vuestro는 여성명사를 수식할 때 o를 a로 바꾸어 주고, 복수형은 os 대신 as를 붙여 줍니다.

예 **nuestra casa** 우리 집
vuestras casas 너희들의 편지들

★ 소유형용사 후치형

명사의 앞에 위치하는 소유형용사 외에 명사의 뒤에 오거나 술어로 사용되는 소유형용사를 소유형용사 후치형이라고 합니다. 이때 수식하는 명사에 해당하는 관사를 동반합니다.

단수	복수
mío(a) 나의	**mío(a)s** 나의
tuyo(a) 너의	**tuyo(a)s** 너의
suyo(a) 그의/그녀의/당신의	**suyo(a)s** 그의/그녀의/당신의
nuestro(a) 우리들의	**nuestro(a)s** 우리들의
vuestro(a) 너희들의	**vuestro(a)s** 너희들의
suyo(a) 그들의/그녀들의/당신들의	**suyo(a)s** 그들의/그녀들의/당신들의

예) la **casa** mía 내 집
　　el **libro** mío 내 책
　　Un **pariente** mío **vive en Inglaterra.** 내 친척 중 한 분은 영국에 사신다.

사람을 부를 때에는 정관사가 생략됩니다.

예) **mamá** mía 나의 어머니
　　amigo mío 내 친구

★ 재귀동사 목록

afeitarse	면도하다	ponerse (la ropa)	(옷을) 입다
despertarse	깨어나다	vestirse	(옷을) 입다
ducharse	샤워하다	desvestirse	(옷을) 벗다
bañarse	목욕하다	casarse	결혼하다
lavarse la cara	세수하다	acostarse	눕다
cepillarse los dientes	이를 닦다	mirarse en el espejo	거울을 보다
secarse	말리다	pararse	서다
secarse el pelo	머리를 말리다	sentarse	앉다
peinarse	머리를 빗다	quitarse	떼다
maquillarse	화장하다	pintarse los ojos	눈 화장을 하다

No me+재귀동사: 나는 ~하지 않아

재귀동사 부정문을 만들려면 'No+재귀대명사+재귀동사'라고 해 주면 됩니다.

예 No me ducho **por la mañana.** 나는 아침에 샤워하지 않는다.
No me pinto **los ojos.** 나는 눈 화장을 하지 않는다.

Voy a+재귀동사: 나는 ~할 거야

미래시제를 나타내는 'ir a+동사원형' 구문을 활용하여 재귀동사의 미래시제도 표현할 수 있습니다.

예 Voy a acostarme **temprano.** 나는 일찍 잘 거야.
Voy a casarme **con Juan.** 나는 후안과 결혼할 거야.

직접 · 간접목적격 대명사의 위치

1. 동사 앞에 위치합니다.

예 **Yo compro el libro.** 나는 그 책을 산다.
→ **Yo lo compro.** 나는 그것을 산다.

Ella compra la chaqueta. 그녀는 재킷을 산다.
→ **Ella la compra.** 그녀는 그것을 산다.

2. 동사원형 뒤에 붙여 줍니다.

예 **Yo voy a comprar el coche.** 나는 그 차를 살 것이다.
→ **Yo voy a comprarlo.** 나는 그것을 살 것이다.

물론 1번 규칙에 의해 Yo lo voy a comprar(나는 그것을 살 것이다)라고 표현할 수도 있습니다.

3. 현재분사에 붙여 줍니다.

예 **Estoy mirando la televisión.** 나는 텔레비전을 보고 있다.
→ **Estoy mirándola.** 나는 그것을 보고 있다.

이것도 역시 1번 규칙에 의해 La estoy mirando(나는 그것을 보고 있다)라고 표현할 수 있습니다.

4. 긍정 명령형 뒤에 붙여 줍니다.

예 **Compra el diccionario.** 그 사전을 사라.
→ **Cómpralo.** 그것을 사라.

Compre el diccionario. 그 사전을 사세요.
→ **Cómprelo.** 그것을 사세요.

전치사 por와 para

por와 para는 모두 영어의 for와 유사하게 사용되는 전치사로 다음과 같은 상황에 사용됩니다.

★ por의 쓰임

원인/이유	예 **Lo hago por ti.** 나는 너를 위해 그것을 한다.
기간	예 **Todos los días trabajamos por 8 horas.** 날마다 우리는 8시간 동안 일한다.
주기성(영어의 per에 해당)	예 **Voy a la escuela 2 veces por semana.** 나는 일주일에 두 번 학교에 간다.
~(장소)를 통하여	예 **Un hombre entra a su casa por la ventana.** 한 남자가 창문을 통해 집으로 들어간다.
수단(~을 통하여)	예 **Hablamos por teléfono todas las noches.** 우리는 매일 밤 전화통화를 한다. **Yo he recibido la música por correo electrónico.** 나는 그 음악을 이메일로 받았다.
수동태의 by(~에 의해)	예 **el libro escrito por Juan** 후안에 의해 쓰인 책
교환 및 대체(~을 대신해서)	예 **Compro la fruta por 2 dólares.** 나는 2달러로 그 과일을 산다. **Yo voy al concierto por Juan.** 나는 후안을 대신해서 콘서트에 간다.

★ para의 쓰임

받는 사람(~를 위해)	예 **Esta carta es para Juan.** 이 편지는 후안을 위한 것이다. **Esto es para ti.** 이것은 너를 위한 거야.
목적/의도	예 **Necesito tiempo para descansar.** 나는 휴식을 위한 시간이 필요해. **Trabajo para ganar dinero.** 나는 돈을 벌기 위해 일한다.
목적지	예 **Voy para Madrid.** 나는 마드리드로 간다.
기한, 마감	예 **Tengo que terminar la tarea para el lunes.** 나는 월요일까지 숙제를 끝내야 한다.
의견	예 **Para mí, Madrid es una ciudad hermosa.** 내 생각에 마드리드는 아름다운 도시이다.
기준(~임을 감안하면)	예 **Elena es alta para su edad.** 엘레나는 나이에 비해 키가 크다.

주요 동사변화표

amar 사랑하다	comer 먹다	vivir 살다
amo	como	vivo
amas	comes	vives
ama	come	vive
amamos	comemos	vivimos
amáis	coméis	vivís
aman	comen	viven

caer 떨어지다	cerrar 닫다	coger 잡다
caigo	cierro	cojo
caes	cierras	coges
cae	cierra	coge
caemos	cerramos	cogemos
caéis	cerráis	cogéis
caen	cierran	cogen

conducir 운전하다	conocer 알다	construir 건설하다
conduzco	conozco	construyo
conduces	conoces	construyes
conduce	conoce	construye
conducimos	conocemos	construimos
conducís	conocéis	construís
conducen	conocen	construyen

contar 세다, 이야기하다	creer 믿다	dar 주다
cuento	creo	doy
cuentas	crees	das
cuenta	cree	da
contamos	creemos	damos
contáis	creéis	dais
cuentan	creen	dan

deber 해야 한다	decir 말하다	dormir 자다
debo	digo	duermo
debes	dices	duermes
debe	dice	duerme
debemos	decimos	dormimos
debéis	decís	dormís
deben	dicen	duermen

empezar 시작하다	encontrar 발견하다	entender 이해하다
empiezo	encuentro	entiendo
empiezas	encuentras	entiendes
empieza	encuentra	entiende
empezamos	encontramos	entendemos
empezáis	encontráis	entendéis
empiezan	encuentran	entienden

estar 있다	hacer 하다	ir 가다
estoy	hago	voy
estás	haces	vas
está	hace	va
estamos	hacemos	vamos
estáis	hacéis	vais
están	hacen	van

jugar 놀다	leer 읽다	llegar 도착하다
juego	leo	llego
juegas	lees	llegas
juega	lee	llega
jugamos	leemos	llegamos
jugáis	leéis	llegáis
juegan	leen	llegan

mentir 거짓말하다	morir 죽다	oír 듣다
miento	muero	oigo
mientes	mueres	oyes
miente	muere	oye
mentimos	morimos	oímos
mentís	morís	oís
mienten	mueren	oyen

oler 냄새 맡다	pagar 지불하다	pedir 요구하다
huelo	pago	pido
hueles	pagas	pides
huele	paga	pide
olemos	pagamos	pedimos
oléis	pagáis	pedís
huelen	pagan	piden

pensar 생각하다	perder 잃다	poder 할 수 있다
pienso	pierdo	puedo
piensas	pierdes	puedes
piensa	pierde	puede
pensamos	perdemos	podemos
pensáis	perdéis	podéis
piensan	pierden	pueden

poner 놓다	preferir 선호하다	querer 원하다
pongo	prefiero	quiero
pones	prefieres	quieres
pone	prefiere	quiere
ponemos	preferimos	queremos
ponéis	preferís	queréis
ponen	prefieren	quieren

recordar 기억하다	reír 웃다	saber 알다
recuerdo	río	sé
recuerdas	ríes	sabes
recuerda	ríe	sabe
recordamos	reímos	sabemos
recordáis	reís	sabéis
recuerdan	ríen	saben

salir 나가다	seguir 따르다	sentar 앉히다
salgo	sigo	siento
sales	sigues	sientas
sale	sigue	sienta
salimos	seguimos	sentamos
salís	seguís	sentáis
salen	siguen	sientan

sentir 느끼다	ser ~이다	servir 접대하다
siento	soy	sirvo
sientes	eres	sirves
siente	es	sirve
sentimos	somos	servimos
sentís	sois	servís
sienten	son	sirven

tener 가지다	tocar 연주하다	traer 가져오다
tengo	toco	traigo
tienes	tocas	traes
tiene	toca	trae
tenemos	tocamos	traemos
tenéis	tocáis	traéis
tienen	tocan	traen

venir 오다	ver 보다	volver 돌아오다
vengo	veo	vuelvo
vienes	ves	vuelves
viene	ve	vuelve
venimos	vemos	volvemos
venís	veis	volvéis
vienen	ven	vuelven

스페인어가 공식 언어인 국가들

	국가명	형용사(남성형)	형용사(여성형)
아르헨티나	Argentina	argentino	argentina
볼리비아	Bolivia	boliviano	boliviana
콜롬비아	Colombia	colombiano	colombiana
코스타리카	Costa Rica	costarricense	costarricense
칠레	Chile	chileno	chilena
쿠바	Cuba	cubano	cubana
에콰도르	Ecuador	ecuatoriano	ecuatoriana
스페인	España	español	española
과테말라	Guatemala	guatemalteco	guatemalteca
적도 기니	Guinea Ecuatorial	ecuatoguineano	ecuatoguineana
온두라스	Honduras	hondureño	hondureña
멕시코	México	mexicano	mexicana
니카라과	Nicaragua	nicaragüense	nicaragüense
파나마	Panamá	panameño	panameña
파라과이	Paraguay	paraguayo	paraguaya
페루	Perú	peruano	peruana
푸에르토리코	Puerto Rico	puertorriqueño	puertorriqueña
도미니카 공화국	República Dominicana	dominicano	dominicana
엘살바도르	El Salvador	salvadoreño	salvadoreña
우루과이	Uruguay	uruguayo	uruguaya
베네수엘라	Venezuela	venezolano	venezolana

나혼자 끝내는 스페인어 시리즈

스페인어, 혼자 공부해도 문제 없어!

나혼자 끝내는 일본어 시리즈

넥서스